Glück und positives Denken

Arnold Kitzmann

Glück und positives Denken

Anregungen und Strategien für mehr Lebensfreude

Arnold Kitzmann
Management-Institut Dr. Kitzmann
Münster, Deutschland

ISBN 978-3-658-30284-9   ISBN 978-3-658-30285-6 (eBook)
https://doi.org/10.1007/978-3-658-30285-6

Die Deutsche Nationalbibliothek verzeichnet diese Publikation in der Deutschen Nationalbibliografie; detaillierte bibliografische Daten sind im Internet über http://dnb.d-nb.de abrufbar.

Springer
© Der/die Herausgeber bzw. der/die Autor(en), exklusiv lizenziert durch Springer Fachmedien Wiesbaden GmbH, ein Teil von Springer Nature 2020
Das Werk einschließlich aller seiner Teile ist urheberrechtlich geschützt. Jede Verwertung, die nicht ausdrücklich vom Urheberrechtsgesetz zugelassen ist, bedarf der vorherigen Zustimmung des Verlags. Das gilt insbesondere für Vervielfältigungen, Bearbeitungen, Übersetzungen, Mikroverfilmungen und die Einspeicherung und Verarbeitung in elektronischen Systemen.
Die Wiedergabe von allgemein beschreibenden Bezeichnungen, Marken, Unternehmensnamen etc. in diesem Werk bedeutet nicht, dass diese frei durch jedermann benutzt werden dürfen. Die Berechtigung zur Benutzung unterliegt, auch ohne gesonderten Hinweis hierzu, den Regeln des Markenrechts. Die Rechte des jeweiligen Zeicheninhabers sind zu beachten.
Der Verlag, die Autoren und die Herausgeber gehen davon aus, dass die Angaben und Informationen in diesem Werk zum Zeitpunkt der Veröffentlichung vollständig und korrekt sind. Weder der Verlag, noch die Autoren oder die Herausgeber übernehmen, ausdrücklich oder implizit, Gewähr für den Inhalt des Werkes, etwaige Fehler oder Äußerungen. Der Verlag bleibt im Hinblick auf geografische Zuordnungen und Gebietsbezeichnungen in veröffentlichten Karten und Institutionsadressen neutral.

Titelbild: freedom_wanted – stock.adobe.com

Springer ist ein Imprint der eingetragenen Gesellschaft Springer Fachmedien Wiesbaden GmbH und ist ein Teil von Springer Nature.
Die Anschrift der Gesellschaft ist: Abraham-Lincoln-Str. 46, 65189 Wiesbaden, Germany

Vorwort

Das Buch gibt einen praktischen Überblick zum Thema Glück. Wie kann man sein Leben positiv beeinflussen und gleichzeitig der Realität sehr nahe sein? Unterschiedliche Sichtweisen zu diesem Themenkomplex ermöglichen Anregungen für die eigene Lebensweise.

Ich stelle in diesem Buch positive und umsetzbare Aspekte in den Vordergrund. Aus überwiegend persönlichem, aber als Psychologe auch aus berufsbedingtem Interesse heraus habe ich mich in der Vergangenheit über Jahre hinweg mit unterschiedlichen Aspekten zum Thema Glück und Lebenszufriedenheit befasst. Das Buch erhebt keinerlei Anspruch auf Wissenschaftlichkeit und ebenso wenig versteht es sich als Ratgeber-Literatur. Vielmehr werden in assoziativer Weise Gedanken über das Glück und über die Lebenszufriedenheit zusammengestellt. Die Leserin, der Leser kann so an den Überlegungen und Einsichten zu diesem Themenkomplex teilhaben und animiert werden, den eigenen Werten im Leben nachzuspüren, um sodann Alternativen für sich zu entwickeln.

Das Buch trägt der Komplexität des Begriffs Glück durchgängig Rechnung, indem das Thema aus verschiedenen Blickwinkeln betrachtet wird. Aus philosophischer, literarischer, lebenspraktischer und zwischenmenschlicher Sicht befasst es sich auch mit den Auswirkungen einer gewandelten Welt im Zeitalter von Digitalisierung und künstlicher Intelligenz. In philosophischer Hinsicht bezieht es sich auf Epikur und Marc Aurel, zwei bedeutende, praxisorientierte Philosophen aus griechischer und römischer Zeit.

Das Buch kreist um die Kernthemen

- Glück und Lebenspraxis
- Auffassungen von Glück in Philosophie und Literatur von der Antike bis zur Neuzeit
- Glück und zwischenmenschliche Interaktion, die Bedeutung von Beziehungen
- Glück im Zeitalter von Digitalisierung, Big Data, künstlicher Intelligenz
- Physiologische Vorgänge im Zusammenhang mit Glück und Glücksempfindungen
- Glück und positives Denken
- Glück und Aktivität, geistig und körperlich
- Glück im Lichte von Selbstbild und Vergleich

Das Buch ist sicherlich dazu geeignet, nach dem erstmaligen Lesen immer mal wieder erneut zur Hand genommen zu werden, um über Einzelaspekte nachzusinnen, die möglicherweise gerade zur eigenen Lebenssituation passen, um auf diese Weise individuelle und der jeweiligen Lebenssituation entsprechende Lösungen für sich selbst zu finden. Glück wird in diesem Buch aus philosophischer, lebenspraktischer und zwischenmenschlicher Sicht beleuchtet. Die einzelnen Kapitel können auch unabhängig voneinander gelesen werden. Gewisse Wiederholungen unter neuen Gesichtspunkten sollen die Bedeutung dieser Gedanken hervorheben. Das Buch möchte die Leserin, den Leser dazu animieren, über eigene individuelle Glücksgefühle nachzudenken.

Für interessante Anregungen danke ich meiner Frau Elisabeth und meinen Kindern Jana und Gunnar. Auch meine Lektorin, Frau Gisela Gottbrath, hat mich sehr bei der Arbeit unterstützt. Zudem bedanke ich mich bei Frau Irene Buttkus und Frau Katharina Harsdorf vom Springer Verlag.

Münster, Deutschland　　　　　　　　　　　　　　　　　Arnold Kitzmann

Inhaltsverzeichnis

1 **Was verstehen wir unter Glück?**   1
   Literatur   15

2 **Strategien zur Steigerung des Glücks**   17
   Literatur   38

3 **Interessante Aspekte des Glücks**   41
   Literatur   54

4 **Glück im digitalen Zeitalter**   55
   Literatur   82

5 **Glück und Philosophie**   83
   Literatur   99

6 **Glück und Optimismus**   101
   Literatur   116

7	**Glück, Lebensalter und soziale Faktoren**	117
	Literatur	123
8	**Glück und Finanzen**	125
	Literatur	129
9	**Glück und Lebenszufriedenheit**	131
	Literatur	141
10	**Das Paradoxe am Glück**	143
	Literatur	160
11	**Zusammenfassung und Aussicht**	161

Zitate und Aphorismen 163

Über den Autor

Dr. Arnold Kitzmann ist Diplom-Psychologe. Er hat mehrere Jahre als Psychotherapeut in eigener Praxis gearbeitet. Gleichzeitig hat er 1975 ein Weiterbildungsinstitut für Führungskräfte gegründet. Die Seminare werden mittlerweile in acht deutschen Städten angeboten. Darüber hinaus gibt es Seminarangebote in vier weiteren europäischen Städten. Neben zahlreichen fachwissenschaftlichen Veröffentlichungen sind vom Autor vier weitere Sachbücher erschienen.

Arnold Kitzmann ist verheiratet und lebt mit seiner Frau Elisabeth in Münster/Westfalen. Er hat zwei erwachsene Kinder, die als Geschäftsführer in seinem Unternehmen tätig sind.

Das vorliegende Buch ist aus einem persönlichen Interesse heraus entstanden, mit dem der Autor seinen Lesern positive Anregungen für eine interessante Lebensführung geben möchte.

Bisher von Diplom-Psychologe Dr. Arnold Kitzmann veröffentlichte Bücher

Kitzmann, Arnold, Dieter Zimmer: Grundlagen der Personalentwicklung, Lexika – Verlag, Weil der Stadt, 1982
Kitzmann, Arnold: Assessment Center: Personalauswahl und Personalführung, 3. Auflage, Bamberg, Bayerische Verlagsanstalt, 1990
Kitzmann, Arnold: Persönliche Arbeitstechniken und Zeitmanagement, 2. Auflage, Renningen-Malmsheim, expert-Verlag, 1994
Kitzmann, Arnold: Massenpsychologie und Börse, Gabler Verlag, Wiesbaden 2009

1

Was verstehen wir unter Glück?

Andere Menschen sind eine große Quelle des Glücks für uns. Als soziale Wesen benötigen wir zwischenmenschliche Kontakte und Beziehungen. Nicht zuletzt dadurch erst erfahren und finden wir unser eigenes Glück und stabilisieren unsere Gesundheit. Der Austausch mit anderen, unser soziales Leben, trägt somit wesentlich zur Zufriedenheit in und mit unserem Leben bei. Liebevolle Beziehungen zu Familienmitgliedern, unsere Verbindung zu Freunden, Bekannten, Kollegen, aber auch flüchtige Kontakte und Begegnungen spielen somit eine wichtige Rolle für unser Glück und unser Wohlbefinden.

Die Neigung, sich mit anderen zu vergleichen, ist beim Menschen stark ausgeprägt. Dieses Verhalten beeinträchtigt allerdings in erheblichem Maße unser Glück. Zwar ist ein gesunder Ehrgeiz im Leben wichtig und nicht zu unterschätzen, aber das allzu häufige Vergleichen mit anderen produziert auf Dauer eine Gefühlslage, die uns unzufrieden macht und unsere Lebensqualität einschränkt.

Um bei solchen Vergleichen mit dem eigenen „schlechten Abschneiden" besser umgehen zu können, ist die Vorstellung hilfreich, dass auch die uns vermeintlich Überlegenen beim Sich-Messen mit anderen wiederum selbst die Unterlegenen sind. Auf diese Weise relativieren sich

Vergleiche ganz rasch von selbst. So wichtig Zielsetzungen und Zielstrebigkeit auch sind, so unerlässlich ist zugleich die Flexibilität, falsch gesetzte Ziele als solche zu erkennen und entsprechend zu korrigieren. Nur so belasten selbst gesteckte, aber unerreichbare Ziele uns nicht unnötig.

Liebe, Freundschaft, Gesundheit und Fitness tragen demnach in einem viel stärkeren Maße zur Zufriedenheit bei, als viele dies vermuten. Insofern sind die Pflege enger Beziehungen und das Sich-Zeitnehmen für Beschäftigungen, die Freude bereiten, eminent wichtige Voraussetzungen für ein zufriedenes, glückliches Leben.

Von der Antike bis heute hat die Philosophie das Glücksstreben des Menschen immer wieder als einen wesentlichen Antrieb menschlichen Handelns gesehen. Dabei verbringen viele Menschen jedoch ihr Leben zu einem großen Teil mit viel Anstrengungen und harter Arbeit, um ständig ihre Erfolge zu steigern und erneut zu überbieten. Zugleich verschwenden sie aber zu wenige Gedanken darüber, wie sie ihr Glücksempfinden und ihre Zufriedenheit erhöhen könnten. So gehen ihre besten Jahre dahin, um ihre mannigfaltigen Ziele zu erreichen und erfolgreich zu sein, indem sie viel Geld verdienen und anhäufen, um anderen gegenüber als überlegen dazustehen. Wie weise im Gegensatz dazu die Bitte um Gelassenheit, die dem amerikanischen Philosophen, Politikwissenschaftler und Theologen Niebuhr (1892–1972) zugeschrieben wird:

> Gott gebe mir die Geduld, Dinge hinzunehmen, die ich nicht ändern kann, den Mut, Dinge zu ändern, die ich ändern kann, und die Weisheit, das eine vom anderen zu unterscheiden.

Für viele besteht das größte Glück darin, zu lieben und geliebt zu werden. Fast alle Menschen sehnen sich nach Zuwendung und Aufmerksamkeit. Und auch die Glücksgefühle, die wir dabei über unseren Körper erhalten, werden nicht selten unterschätzt.

Immer wieder ist zu hören, dass das persönliche Glück, das wir in der Liebe erfahren, nicht der oberste Wert sein könne. Glück könne vielmehr auch aus einem Überlegenheitsgefühl resultieren und aus Situationen bezogen werden, in denen man anderen gegenüber die dominierende Rolle einnimmt. Die Macht der einen wächst also häufig in Korrelation mit der

Ohnmacht der anderen, wobei wirklich souveräne Menschen sich eben gerade darüber hinwegsetzen.

Unter Berücksichtigung unserer Mitmenschen kann das Glücksgefühl eines Einzelnen immer nur einen recht begrenzten und fragwürdigen Wert darstellen, dann nämlich, wenn dieses Gefühl auf Kosten anderer geht. Während die einen berauscht sind von ihrer Macht und den damit verbundenen positiven Emotionen, ergeht es denen, auf deren Kosten dieses Gefühl erkauft wird, zugleich sehr schlecht. Macht vermittelt Menschen immer wieder den „Genuss" eines Überlegenheitsgefühls. Dies geht zugleich jedoch stets mit der Abwertung anderer einher. Das Glücksgefühl des einen entsteht so zum Nachteil für andere. Eine Gemeinschaft, die positiv sein will, muss allerdings das eigene Glücksgefühl jeweils abwägen mit dem Glücksgefühl der anderen. Nur so wird ein gutes Zusammenleben möglich und entfaltet positive Auswirkungen für einen jeden Einzelnen der Gemeinschaft.

Kann also jemand überhaupt glücklich sein, der völlig auf sich alleine gestellt ist? Wohl eher nicht. Denn wirkliches Glück können wir nur empfinden, wenn es von anderen kommt. Unsere Mitmenschen nehmen daher eine Schlüsselfunktion bei der Entfaltung unserer eigenen Persönlichkeit ein. Wir sind einfach auf Gesprächspartner angewiesen, auf Rückmeldung und Resonanz, um so die eigenen Gedanken im Gegenüber, im Du zu reflektieren.

Wir beeinträchtigen unser eigenes Glück, indem wir uns allzu oft und allzu sehr mit anderen vergleichen. Es wird immer Menschen geben, gegen die wir im direkten Vergleich schlechter abschneiden – wie der umgekehrte Fall natürlich auch häufig gegeben ist. Das Übel aller Vergleiche besteht aber vor allem darin, dass die zwischenmenschliche Kommunikation leidet. Unbewusst signalisieren wir anderen Menschen gegenüber nicht selten ein Überlegenheitsgefühl, wenn es denn wirklich auf einen Vergleich ankäme. Damit aber werten wir den oder die andere unwillkürlich ab. Wir durchschauen zu wenig die unerfreulichen Implikationen, die ein Vergleich mit sich bringt, und erschweren uns so das Aufeinander-Zugehen, den Austausch, die Kommunikation. Und nicht zuletzt leidet auch die eigene Eitelkeit und Zufriedenheit erheblich, sofern wir in einem Vergleich der oder die Unterlegene sein sollten.

Ist es aber überhaupt möglich, den Vergleich mit anderen Menschen ganz aufzugeben? Ja! Und zwar dann, wenn man den negativen Mechanismus des Vergleichens erst einmal durchschaut hat. So nämlich erst gelingt es, sich darüber einfach hinwegsetzen und jedes Maß-Nehmen am anderen ganz zu lassen. Wir sollten die Maßstäbe für das eigene Leben ohnehin unabhängig von anderen entwickeln – wobei dies nicht heißt, dabei auf eine Rückmeldung oder Beurteilung unserer Mitmenschen zu verzichten. Denn auch die eigenen Ziele sind immer wieder zu hinterfragen! Dabei hilft uns eine grundsätzliche Flexibilität, um Situationen und Handlungsweisen immer wieder neu zu bewerten und, sofern erforderlich, neue Maßstäbe zu entwickeln. Selbst aus einer Niederlage lassen sich wichtige Erkenntnisse und Einsichten gewinnen. Sie werden uns zugleich bei unserem weiteren Verhalten in wertvoller Weise voranbringen und weiterhin motivieren.

Abstrahiert von der persönlichen Ebene kann auch innerhalb eines gesamten Gesellschaftsgefüges eine spürbare ungleiche Verteilung des Wohlstands zu einer Unzufriedenheit auf allen Seiten führen. Denn wie auf privater Ebene vergleichen sich Menschen ebenso in gesellschaftlichen Kontexten unwillkürlich viel stärker miteinander, zumal bei vermutetem sozialem Ungleichgewicht. So entsteht Neid – oder auch Mitleid, je nachdem.

Schon Aristoteles sagte, dass unsere größten Anstrengungen dem Ziel dienen, glücklicher zu werden. Wie dieses Ziel zu erreichen sei, darüber existiert allerdings eine Vielzahl von Missverständnissen. Und diese führen uns auf falsche Wege und Abwege. So unterwerfen sich nicht wenige einem harten Arbeitsalltag mit dem Ziel, stets und immer neue Erfolge zu erringen – in der irrigen Meinung, auf diese Weise ließe sich ihr Glückszustand qualitativ verbessern.

Eine Verknüpfung von persönlichen Interessen mit sozialen Verpflichtungen trägt auf jeden Fall immer positiv zum subjektiven Glücksempfinden bei. Der Sinn, den wir, ganz individuell, als wesentlich für unser Leben erachten, ist von enormer Bedeutung für unser persönliches Glücksempfinden – wie auch ein Gefühl der Dankbarkeit erheblich zu unserem Glücksempfinden beitragen kann. Wenn uns regelmäßig Gedanken über erfreuliche Dinge begleiten, können wir damit unserem Leben auch eine positive Richtung geben. Damit unweigerlich verbunden ist immer auch ein Gefühl der Dankbarkeit, da wir nie isoliert leben, sondern stets mit anderen interagieren und auch auf die Unterstützung anderer Menschen angewiesen sind.

Ebenso führt eine ständige Neugierde häufig dazu, dass wir uns stets aufs Neue bis dahin fremde Bereiche erschließen – und nicht zuletzt auf diese Weise auch Wachstumspotenziale in uns selbst entdecken. Die Wahrnehmung, das Realisieren und Fördern eigener Talente trägt gleichfalls zu unserem persönlichen Glück bei, wobei dies in der Regel nur mithilfe der Unterstützung anderer Menschen gelingt.

* * *

Bildung hat einen sehr hohen Einfluss auf das Glücksempfinden. Dies mag nicht zuletzt auch damit zusammenhängen, dass die besser Gebildeten häufig auch einer befriedigenderen Tätigkeit nachgehen und zudem oftmals gesundheitsbewusster leben. Große Befriedigung kann man allerdings auch aus handwerklichen Tätigkeiten beziehen, da sich beim Schaffensprozess selbst und auch beim Anschauen und Erleben des fertigen Ergebnisses positive Gefühle einstellen.

Die Philosophie hat die Bedeutung der Bildung für das Glück unterschiedlich eingeschätzt. So sah Aristoteles beispielsweise eine gute Bildung als unabdingbar für Glück an. Schopenhauer hingegen äußert die Überzeugung, dass der Mensch umso mehr geistig-seelischen Schmerz erleiden könne, je gebildeter er sei.

Auch die sozialen Gegebenheiten, die Wohn- und Arbeitsumgebung üben keinen geringen Einfluss auf das Glücksempfinden aus. Menschen in einem angenehmen Umfeld und umgeben von viel Natur leben in der Regel deutlich zufriedener. Sogar die Temperaturen haben Einfluss auf unser Glück, ebenso wie das Land, in dem man lebt. In einer Studie zeigte sich, dass Dänemark, Kolumbien und die Schweiz diejenigen Länder sind, in denen das höchste Glücksempfinden erreicht wird. Im Gegensatz dazu bilden einige afrikanische Länder mit prekären Verhältnissen das Schlusslicht in diesem Ranking. Der materielle Wohlstand spielt also für das Glück eine enorme Rolle, gleich danach ist entscheidend, ob sich die Menschen in ihrem jeweiligen Land entfalten und ihren individualistischen Neigungen nachgehen können.

Freiheit und soziales Kapital sind bis zu einem bestimmten Grad demnach sehr wichtig. Erstaunlich ist allerdings, dass in einigen ärmeren Ländern, etwa in Lateinamerika, überraschend viele Menschen glücklich sind. In diesem Zusammenhang ist vielleicht zu bemerken, dass Menschen, die beispielsweise einen großen Lottogewinn gemacht haben oder auf andere Art zu schnellem Reichtum gekommen sind, in ihrer Lebensführung nicht zwangsläufig glücklicher wurden. Infolge der materiellen Veränderung hat sich zugleich auch ihre Lebensführung auf einschneidende Weise verändert. Sie gaben ihre Arbeit auf, verloren damit die vertraute (Arbeits-)Umgebung und fanden sich auf einmal in einer ganz neuen und veränderten Nachbarschaft wieder. Damit verbunden war nicht selten ein erheblicher Stress, allein schon aufgrund der hohen Anpassungserfordernisse.

Generell lässt sich auch sagen, dass eine Einkommenssteigerung nur bis zu einem bestimmten Grade das Glücksgefühlt erhöht. Das bedeutet also, dass andere Faktoren als finanzielle Mittel ab einem gewissen materiellen Wohlstand für das Glück ausschlaggebend sind. Je mehr die Grundbedürfnisse befriedigt sind, desto mehr kommt anderen Faktoren, etwa sozialen Kontakten, eine erhebliche Bedeutung zu.

Zu stark auf das Materielle ausgerichtete Menschen beeinträchtigen ihr Leben, oftmals ohne es zu wissen oder zu bemerken. Denn wenn ausschließlich materielle Dinge von Bedeutung sind, werden nicht selten Sozialkontakte unterschätzt. Die Zeit für ein geselliges Leben wird knapper, das allzu starke Streben nach Reichtum kann also das eigene Glücksempfinden erheblich beeinträchtigen. Es ist doch zumindest bemerkenswert, dass gerade Menschen, die vor allem damit befasst sind, ihren eigenen sozialen Status zu heben, mit ihrer Lebensführung unzufrieden sind und mit ihr hadern. Finanzielles Gewinnstreben kann also die eigene Lebenszufriedenheit erheblich reduzieren, denn Familie und Gemeinschaft treten dabei unwillkürlich in den Hintergrund.

Ausgeprägt materialistisch orientierte Menschen neigen häufig zu „Aufwärtsvergleichen", orientieren sich also immer an solchen, die über „ein Mehr" verfügen. Unabhängig davon, wie viel materielle Sicherheit im Leben schon erreicht wurde, wird mit anderen konkurriert, da sie doch *noch mehr* Reichtum angehäuft haben. Damit verbaut man sich selbst Zugänge zur persönlichen Lebenszufriedenheit und Rückbesinnung auf sich selbst. Bemerkenswert ist auch, dass bei Vergleichen keineswegs die absolute Höhe des Einkommens eine Rolle spielt, sondern immer auch die Höhe des Einkommens *im Vergleich zu anderen*. In diesem Zusammenhang wird ein bekanntes Beispiel gerne angeführt: In einer Erhebung lautete eine Frage: „Würden Sie eher einen Job bevorzugen, bei dem sie 90.000 US-Dollar im Jahr verdienen, ihre Kollegen jedoch nur 70.000 US-Dollar, oder würden Sie einen Job bevorzugen, bei dem Sie 100.000 US-Dollar verdienen und ihre Kollegen 150.000 US-Dollar?" Bemerkenswert: Die Hälfte aller Befragten wählte die Möglichkeit 90.000 US-Dollar statt 100.000 US-Dollar. Das bedeutet: Das Sich-Messen und die damit einhergehenden Gefühle fallen umso positiver aus, je mehr man dem anderen gegenüber finanziell besser gestellt, also überlegen ist. Dafür wird sogar ein objektiv geringerer persönlicher Verdienst in Kauf genommen.

Ebenso führt auch körperliche Attraktivität nicht zwangsläufig zu einem großen Glücksempfinden, im Gegenteil. Eine solche Attraktivität kann auch isolieren. Gerade bei Befragungen von Models zeigte sich immer wieder, dass sie sich selbst sogar als weniger glücklich einschätzen im Vergleich zu „durchschnittlich aussehenden Frauen". Viel wichtiger als jede körperliche Attraktivität oder die finanziellen Ressourcen sind die persönlichen sozialen Nahbeziehungen, eigene Zielsetzungen und die Lebensphilosophie als Faktoren, die unser Leben prägen.

* * *

Das eigene Glück hängt ein Stück weit immer auch davon ab, ob in unserer Umgebung andere Menschen glücklich sind. Erstaunlicherweise haben zum Beispiel Alleinstehende deutlich mehr Krankenhausaufenthalte zu verzeichnen als Verheiratete. Tiefe Glücksgefühle werden immer auch ausgelöst durch den Zustand des Verliebt-Seins. Es ist messbar, dass in diesem Gefühlszustand bestimmte Gehirnregionen besonders stark aktiviert sind. Auch bei körperlichen Berührungen von einer bestimmten Dauer werden Oxytocin und andere Hormone ausgeschüttet; besonders Berührungen der Haut rufen angenehme Gefühle hervor. Körperlicher Kontakt spielt somit eine ganz große Rolle für unsere positive Grundstimmung.

Es kommt also nicht von ungefähr, dass in fast allen Kulturformen die Ehe, also das Zusammensein und die Intimität, besonders geschützt wird. Aus vielen Erhebungen wird immer wieder deutlich, dass Verheiratete im Durchschnitt glücklicher sind als Singles. Zudem sind sie häufig auch gesünder. So verbringen sie rund fünfmal weniger Zeit in einer Klinik als alleinstehende Personen und auch die Mortalitätsrate ist bei Verheirateten geringer. Außerdem können verheiratete Paare im Durchschnitt mit einer längeren Lebensdauer rechnen, wie Untersuchungen in der Altersgruppe der 60- bis 70-Jährigen ergab. Zudem ist die Depressionsrate bei alleinlebenden Menschen wesentlich höher. Der emotionale Halt in festen Beziehungen fördert somit die Gesundheit, die Lebensdauer und die emotionale Stabilität.

Natürlich spielt die Sexualität in Beziehungen eine große Rolle. Sie ist ein wichtiges Bindeglied zwischen den Partnern. Eine aktive Sexualität fördert die Beziehung. In 77 Prozent der Ehen sind die Männer älter als die Frauen, die Lebenszufriedenheit war in diesen Ehen signifikant höher. Ebenso wirkte es sich auch positiv aus, wenn der Bildungsabschluss der Männer höher war als der der Frauen. Eine Ehescheidung führt verständlicherweise dazu, dass die allgemeine Unzufriedenheit mit der Lebenssituation wächst. Erstaunlicherweise waren einer Statistik zufolge an tödlichen Verkehrsunfällen viermal häufiger geschiedene Männer beteiligt, als es der Bevölkerungsdurchschnitt vermuten ließe.

Die Geburt eines Kindes wird für viele Frauen als die glücklichste Zeit ihres Lebens beschrieben. Bei einer gebärenden Frau verändert sich das Gehirn und schüttet Oxytocin aus, wobei sie während des Geburtsvorgangs selbstverständlich eine sehr anstrengende Phase durchlebt. Gleichzeitig berichten jedoch viele Mütter nach der Geburt von Müdigkeitsstress und Überforderung – neben allem Glück, das die Erziehung von Kindern vermittelt. Die unangenehmste Phase ist für viele Eltern natürlich die Pubertätszeit der Kinder. Nicht wenige Paare berichten auch, dass eine für sie entspanntere und glücklichere Phase begann, nachdem die Kinder das Haus verlassen hatten. Gerade Akademikerinnen berichteten jedoch, dass die eigene Lebenszufriedenheit durch Kinder viel größer geworden sei als aufgrund ihrer Berufstätigkeit oder ihrer Partnerschaft.

Auch freundschaftliche Beziehungen tragen in sehr starkem Maße zur Zufriedenheit und zum Lebensglück bei. Menschen, die Freundschaften zu mehreren Menschen pflegen, sind in der Regel viel zufriedener als einsame Menschen, wobei die Qualität der Freundschaft allerdings eine ungleich größere Rolle spielt als die Anzahl der Freunde. Die Bedeutung von Freundschaften ist in allen Altersstufen bis ins hohe Alter groß – ein Aspekt, der nicht immer nur wieder von wissenschaftlichen Untersuchungen belegt wird, sondern der sich auch thematisch in der Weltliteratur zu allen Zeiten niedergeschlagen hat.

Wie schon ausgeführt, sind auch sportliche Betätigungen für den Glückszustand von großer Bedeutung. Hierzu zählen beispielsweise auch Betätigungen wie das Tanzen und allgemeine Aktivitäten. Generell alle Freizeitaktivitäten können positive Stimmungen hervorrufen, besonders, sofern sie mit Naturerlebnissen verbunden sind.

Ehrenamtliche Tätigkeiten erhöhen ebenfalls das allgemeine Zufriedenheitsgefühl, da sie einhergehen mit dem Einsatz für andere Menschen. Die Wahrnehmung ethischer Verantwortung befriedigt ebenso wie die zugleich erfahrenen positiven Rückmeldungen von anderen Menschen. Mit sozialen Tätigkeiten verbunden ist auch eine stärkere soziale Integration, da einem Menschen, der sich ehrenamtlich einbringt, Dankbarkeit entgegengebracht wird. Damit wird sein Leben zufriedener und glücklicher. Gleiches gilt im Übrigen auch für die Betreuung von Familienangehörigen, seien es Kinder oder Enkelkinder. Selbst bei Menschen mit Beeinträchtigungen ließ sich feststellen, dass ihre Zufriedenheit stieg, wenn sie sich für andere einsetzen konnten. Die Beschäftigung mit anderen Menschen führt weg vom eigenen Ego und trägt auch sehr stark zur Vermeidung und zum Abbau von Depressionen bei. Die Ablenkung von der eigenen Person ist oftmals verbunden mit der Auslösung positiver Gefühle.

Ein aktiver Lebensstil kann gleichzeitig auch der Prophylaxe vieler Krankheiten dienen. So lassen sich dadurch zum Beispiel sogar Demenzerkrankungen, wenn auch nicht verhindern, so doch zumindest hinauszögern. Der positive Einfluss sportlicher Betätigung wird auch durch eine Aktivitätstheorie gestützt. Der Körper schüttet beim Sport Endorphine und andere Glückshormone aus, die in einen physiologischen und psychologischen Zustand versetzen, der mit dem Anstieg von Glücksempfinden einhergeht. Zudem ermöglichen viele Sportarten zugleich auch soziale Begegnungen, sozialen Austausch und eine bewusste Koordination und Abstimmung mit anderen Menschen.

Obwohl das Fernsehen nach dem Schlafen und Arbeiten die dritthäufigste Tätigkeit ist, trägt es nicht sonderlich zur Lebenszufriedenheit bei, weil wir in einem passiven Zustand verharren. Menschen mit einem sehr hohen Fernsehkonsum bringen sich auch wesentlich weniger bei ehrenamtlichen Tätigkeiten ein, haben häufig sehr hohe materielle Ansprüche und weniger Sozialkontakte. Zudem werden durch das Fernsehen auch immer wieder Aufwärtsvergleiche angestellt, da wir nicht selten mit schönen und begüterten Menschen konfrontiert werden. Selbstverständlich aber gibt es auch Fernsehsendungen, die sehr anspruchsvoll sind und das Leben bereichern. Immer häufiger erlebt man gerade bei Talkshows sehr authentische Gesprächspartner, die echte Situationen wiedergeben.

Arbeitszufriedenheit und Lebensglück stehen, wie nicht anders zu erwarten, in enger Beziehung zueinander. Eine zufriedenstellende Arbeit erhöht unser Lebensglück, besonders dann, wenn wir unsere Talente und Fähigkeiten in die Arbeit einbringen können. Eine hohe Zufriedenheit haben auch Selbstständige und Freiberufler, da sie ihre Arbeit selbst einteilen und bestimmen können. Die eigene Selbstbestimmtheit und Freiheit übt ohnehin insgesamt einen sehr hohen Einfluss auf die Lebenszufriedenheit aus. Ebenso ist bei der Arbeit nicht nur die Tätigkeit selbst, sondern auch das Arbeitsklima von Bedeutung. Wir werden einfach lieber und motivierter arbeiten, wenn wir mit sympathischen und netten Arbeitskollegen zu tun haben. Zugleich erhöht dies auch die eigene Kreativität und das Handlungsrepertoire.

Neben diesen Faktoren in der Arbeitswelt müssen wir aber auch das Gefühl haben, dass wir es mit erreichbaren Zielsetzungen zu tun haben und unsere Arbeit wertvoll und abwechslungsreich ist. Dabei ist eine Ausgeglichenheit zwischen Wollen und Können absolut wichtig. Wir müssen uns mit Zielen beschäftigen, die tatsächlich für uns erreichbar sind und die uns befriedigen. Auch die Übertragung von Verantwortung ist ein Faktor für unser Wohlbefinden. Gehen wir in einer Tätigkeit auf, steigert dies das Flow-Gefühl und wir sind wesentlich zufriedener. Allerdings lässt sich dieses Gefühl nur erreichen, wenn eine Harmonie gegeben ist zwischen unseren Fähigkeiten und den an uns gestellten Anforderungen. Weder dürfen wir überfordert werden, noch auf der anderen Seite unterfordert sein. Ein Flow-Gefühl stellt sich genau dann ein, wenn wir herausgefordert werden, uns Ziele setzen und das Empfinden haben, mit einer gewissen Anstrengung und einem hohen Engagement in der Aktivität aufgehen zu können. In der Schule wird manchmal leider diese ursprüngliche Lernmotivation der Kinder durch äußeren Druck stark vermindert. Allerdings lässt sich dies nicht immer ganz vermeiden, da die Gruppengröße einen erheblichen Einfluss auf die Lernumgebung hat.

Verständlicherweise beeinträchtigt Arbeitslosigkeit das Glücksempfinden in erheblichem Maße. Neben finanziellen Einbußen gehen vor allem wichtige soziale Kontakte verloren und auch die Anerkennung als eine Quelle der Zufriedenheit bleibt aus. So hat man mehrfach festgestellt, dass depressive Verstimmungen in Zeiten ohne berufliche Beschäftigung ansteigen. Ein ehrenamtliches Engagement kann gerade in solchen Krisenzeiten einen gewissen Ausgleich schaffen, nicht zuletzt deshalb, weil es die Stigmatisierung der Arbeitslosigkeit vermindert, da durch eine ehrenamtliche Tätigkeit ein sozial anerkannter Beitrag für die Gesellschaft geleistet wird.

In den meisten Untersuchungen zeigte sich immer wieder, dass Leben und Arbeiten ganz erheblich zum Glück beitragen. Die vielen Möglichkeiten, daraus eine Befriedigung zu ziehen, lassen Zweifel an der Meinung einiger Philosophen und Wissenschaftler aufkommen, die behaupten, das Glück sei im Plan der Schöpfung schlichtweg nicht vorgesehen. Dabei spielt der soziale Nahbereich für das Glücksempfinden eine große Rolle. Menschen, mit denen wir unmittelbar zu tun haben, können uns positiv oder auch negativ stimmen. Den Zugang zu positiven Gefühlen im Austausch mit anderen erleichtert uns die Extraversion, also eine Zugewandtheit zu Menschen, ein Zugehen auf sie.

Glückliche Menschen berichten immer wieder, dass der Aufwand gar nicht so erheblich sei, um sich in einen Glückszustand zu versetzen – wobei dabei natürlich die Gesundheit eine ganz wichtige unausgesprochene Voraussetzung ist und an oberster Stelle steht. Aus der Zwillingsforschung wissen wir jedoch, dass bei eineiigen Zwillingen das Glücksempfinden des einen sich zu 50 Prozent auch für den anderen Zwilling prognostizieren lässt. Von einer gewissen genetischen Fundierung ist also auszugehen.

Aber natürlich ist die genetische Begründung nur Teil der Erklärung für eine positive Disposition. Auch unsere Überzeugungen und unser Verhalten, also unsere Persönlichkeitsmerkmale, spielen eine weitere sehr wichtige Rolle (Goldberg 2004).

Die „Big Five" unserer Persönlichkeitsmerkmale sind Verträglichkeit, Extraversion, Gewissenhaftigkeit, Neurotizismus und Offenheit für neue Erfahrungen. Diese Faktoren üben einen großen Einfluss auf das Glücksempfinden aus. Die Extraversion führt verstärkt zu Kontakten mit anderen Menschen, eine Quelle größerer Zufriedenheit. Neurotische Charakterzüge und Überempfindlichkeiten hingegen sind eher „Glücksgefühlbremser", sind also unserer Gefühlslage abträglich. Menschen mit einem angenehmen, freundlichen Wesen schließen natürlich ungleich viel leichter und rascher Freundschaften. Für Personen, die mit und in ihrem Leben zufriedener sind und dies auch anderen vermitteln können, ergeben sich also von selbst immer wieder neue Kontakte. Die Extraversion erhöht somit die Möglichkeit, glücklich zu sein, der Neurotizismus hemmt oder behindert sie. Allerdings sind introvertierte Menschen nicht per se unglücklich, denn wenn sie über ein reiches Innenleben und Befriedigungsmöglichkeiten verfügen, erleben sie genauso beglückende Momente und Glück wie ein extrovertierter Mensch.

Für das Glücksempfinden von wesentlicher Bedeutung ist auch die emotionale Intelligenz. Darunter ist die Fähigkeit zu verstehen, Gefühle bei anderen zu erkennen und die eigenen Gefühle angemessen auszudrücken. Ebenso gehört ein authentisches positives Verhalten dazu wie auch die Fähigkeit, die eigenen Gefühle so auszudrücken, dass andere dabei möglichst wenig verletzt werden. Die eigene emotionale Stabilität ermöglicht es zudem dem Gegenüber, mit den eigenen Gefühlen besser umzugehen. Eine hohe emotionale Intelligenz spielt somit eine überdurchschnittlich wichtige Rolle für das eigene Glücksempfinden.

* * *

Glücksempfinden kann sich auch bei sinnlichen Genüssen einstellen, etwa beim Verzehr von Schokolade. Dies lässt sich sogar in einigen Hirnregionen nachweisen. Eine weitere wichtige Glücksquelle ist die Sexualität in ihren unterschiedlichen Facetten. Dabei spielen kulturelle Implikationen eine sehr große Rolle. Eine zu große Freizügigkeit kann genauso Konflikte schaffen wie eine zu starke Gehemmtheit. Bei letzterem wird dann nämlich eine der wichtigsten Befriedigungsmöglichkeiten ausgeschlossen, der Orgasmus. Beim Orgasmus ist eine starke Aktivierung verschiedener Gehirnregionen nachweisbar, die zu einem hohen Glücksgefühl führt. Ebenso wird bei äußerst positiven Gefühlen auch Dopamin ausgeschüttet, ein lustfördernder Botenstoff. Erstaunlicherweise zeigte sich immer wieder, dass Dopamin auch schon dann ausgeschüttet wird, wenn Tiere zum Beispiel Futter sehen und nicht erst dann, wenn sie es zu sich nehmen. Das bedeutet, dass sich also bereits die Vorbereitung auf eine befriedigende Situation im Blut nachweisen lässt. Die Vorfreude spielt demnach eine ganz entscheidende Rolle bei der Erzeugung von Glücksgefühlen. Nach der Befriedigung geht die Dopaminausschüttung dann wieder zurück. Es werden aber zusätzlich noch andere Hormonstoffe im Blut ausgeschüttet, die Glück auslösen können. Im medizinischen Bereich wurde festgestellt, dass allein bereits die Erwartung einer Verbesserung des körperlichen Zustandes bewirkt, dass Dopamine freigesetzt werden.

Serotonin ist ein weiterer wichtiger Stoff für das Glücksempfinden, es gilt sozusagen als das Glückshormon. Dabei handelt es sich um einen Neurotransmitter, der aktiviert und positive Gefühle hervorruft. Unzufriedene und unglückliche Menschen haben nachweislich eine geringere Serotoninausschüttung. Dies zeigt sich auch immer dann, wenn wir sozial isoliert sind.

Zwischen Wohlbefinden und Gesundheit besteht ein enger Zusammenhang. Insbesondere die subjektiv eingeschätzte Gesundheit beeinflusst das Glücksempfinden, während die unmittelbare, objektive Gesundheit nach verschiedenen Untersuchungen gar nicht so sehr mit der Lebenszufriedenheit korreliert, wie häufig vermutet wird. Die eigene positive Deutung des Gesundheitszustandes kann somit das Glücksempfinden steigern, obwohl in Extremfällen die objektive Einschätzung eine ganz andere sein kann. Die Menschen schließen sich auch besonders denjenigen Meinungen an, die für sie selbst günstig sind. Generell kann man sagen, dass Glück die Gesundheit fördert und unser Lebensgefühl positiv beeinflusst.

Eine Kernaussage des Buddhismus lautet: Alles Leben ist Leiden und wir müssen lernen, damit umzugehen oder darüber hinauszugehen. Auch im Christentum ist die jenseitige Glückseligkeit, die bei der Befolgung der Gebote Gottes erreicht wird, von wesentlicher Bedeutung. In verschiedenen Untersuchungen zeigte sich immer wieder, dass religiöse Menschen glücklicher sind und mehr Wohlbefinden äußern. Darüber hinaus hat die religiöse Praxis natürlich auch eine starke soziale Komponente. Sie fördert die soziale Integration und kann damit den Menschen auch optimistischer und zuversichtlicher machen. Religion vereinigt gleich drei Elemente miteinander: Sie ermöglicht dem Menschen, eine größere Spiritualität zu entwickeln, soziale Kontakte zu aktivieren und ethische Grundsätze zu befolgen.

Gerade in der Glücksforschung spielt Religion, vor allem die asiatische eine sehr wichtige Rolle. So empfiehlt der Konfuzianismus, sich für das Allgemeinwohl einzusetzen, allen Menschen positiv zu begegnen und dem familiären Leben und Freundschaften eine hohe Bedeutung beizumessen. Die konfuzianische Lebensweise ist also sozial und aktiv. Im Buddhismus wiederum ist der Kreislauf von Geburt, Tod und Wiedergeburt ein zentrales Thema. Dieser Kreislauf beeinflusst in hohem Maße das Denken über sich selbst, über andere Menschen und über die Umwelt.

Doch auch die Spiritualität außerhalb der Religion erhält einen zunehmend immer größeren Stellenwert. Die Vorstellung von höheren transzendenten Wesen und das wie auch immer geartete Eintreten in einen Kontakt damit vermögen uns sehr stark zu beeinflussen und unser persönliches Wohlbefinden zu steuern. Der Blick über die eigene Person, die eigene Begrenztheit hinaus zu einem höheren Ganzen kann uns ehrfurchtsvoller machen und positiver stimmen. So schlägt sich auch spirituelles Wohlbefinden durchaus auf unser Glücksempfinden nieder.

Religionen setzen sich für ein selbstloses Handeln, für Vergeben und Verzeihen sowie Dankbarkeit anderen gegenüber ein. Positiv auf andere Menschen zuzugehen, sie zu unterstützen, ihnen zu helfen, findet sich in nahezu allen Religionen. Altruismus hat immer zwei positive Seiten: So hilft er nicht nur anderen Menschen, sondern spiegelt uns zugleich immer auch Dankbarkeit zurück, was das eigene Wohlbefinden steigert, also positive Emotionen auslöst.

In gleicher Weise wirkt das Verzeihen. Es verhilft dazu, unsere negativen Affekte anderen gegenüber zu reduzieren und im Idealfall sogar ganz abbauen zu können. Verzeihen und Wohlbefinden sind also eng miteinander verflochten, genauso wie die Dankbarkeit anderen gegenüber. Nicht zuletzt auch sie nimmt in allen Religionen einen hohen Stellenwert ein. Sie übt einen positiven Einfluss auf unser Zusammenleben aus, sie kann soziale Beziehungen vertiefen oder sogar erst entstehen lassen und ermöglicht ein gegenseitiges Geben und Nehmen. Gerade in früheren Zeiten der Menschheitsgeschichte war die Dankbarkeit überlebensnotwendig, während sie heute vor allem ein wichtiger Beitrag ist für unsere innere Zufriedenheit.

Auch mittels der Meditation lässt sich das Glücksgefühl steigern. Die Forschung hat sich damit intensiv befasst und die positiven Auswirkungen immer wieder nachgewiesen. Meditation ruft eine Entspannungsreaktion in uns hervor, die Möglichkeiten zu spirituellen Erlebnissen erhöhen sich. Zudem gelingt es, uns von äußeren Glücksquellen – möglicherweise mehr und mehr – abzuwenden und uns zunehmend unabhängiger von äußeren Reizen zu machen. Zu meditativen Erfahrungen können wir auch durch positive Musik, durch die Betrachtung der Natur oder eine interessante Lektüre gelangen. Intensive spirituelle, gar mystische Erfahrungen bewirken die Stimulierung von Gehirnarealen, die positive Affekte und Glücksgefühle in uns anregen.

Literatur

Weiterführende Literatur

Buchheim, Thomas, et al., Hrsg. 2003. *Kann man heute noch etwas anfangen mit Aristoteles?* Hamburg: Felix Meiner.
Goldberg, Lewis. 2004. *Personality topics*. London: Taylor & Francins Inc.

2

Strategien zur Steigerung des Glücks

Sechs von zehn Deutschen empfinden ihr Leben als stressig. Viele fühlen sich gehetzt, belastet und unruhig. Der Zeitdruck wird als immer größer wahrgenommen. Damit verbunden macht sich Hektik breit, die Informationsflut nimmt überhand und tut so ein Übriges zu diesem ständigen Gefordert-Sein im Alltag. Zudem verstärkt die ständige Erreichbarkeit unsere Unruhe, zugleich wird die direkte Erfahrung von Wertschätzung durch andere zunehmend seltener und schwieriger.

Unter Resilienz versteht man die psychische Widerstandskraft eines Menschen im Umgang mit solch belastenden Situationen. Menschen reagieren grundsätzlich sehr unterschiedlich auf Belastungen. Während sich die einen in einer solchen Situation noch stärker in unangenehme Gefühlszustände hineinsteigern, stellt ein derartiger Stress für andere eine Herausforderung und Möglichkeit dar, um eine positive Lösung zu finden und umzusetzen. Die meisten schwierigen Situationen sind gleichermaßen durch positive wie durch negative Aspekte gekennzeichnet. Ein positives Selbstwertgefühl ist von immenser Bedeutung, um kritische Situationen besser durchzustehen. Und auch die soziale Unterstützung ist sehr wichtig. Sie entlastet uns, gibt uns Raum, neue Perspektiven zu gewinnen und bisher nicht ausgeschöpfte Möglichkeiten zu nutzen.

Auch das Nichtstun und die Faulheit können in bestimmten Situationen sehr wichtig sein. Natürlich sollte man diese Zeit der Muße auch für tiefergehende Gedanken nutzen – die Weisen der Antike waren uns in dieser Hinsicht weit voraus. Übrigens sind gerade intelligente Menschen manchmal durchaus fauler als die nicht so nachdenklichen. Der Grund dafür ist, dass sie sich in ihrem Denken, in der Auseinandersetzung mit ihren Gedanken nicht so rasch langweilen und also nicht auf Aktivitäten ausweichen müssen.

Aber auch in ganz anderen Bereichen ist ein Nicht-Reagieren manchmal von Vorteil. So ist der Investor Warren Buffett berühmt dafür, dass er sehr gute Erfolge bei der Aktienanlage erzielt, indem er sein Portfolio „in Ruhe lässt" und eben *nicht* ständig umschichtet.

* * *

Viele Untersuchungen weisen immer wieder nach, dass sich Glück durch Aktivität und Freundschaften steigern lässt. Sportliche Betätigung führt zu einer höheren Zufriedenheit ebenso wie das Engagement innerhalb der Familie oder im Freundeskreis.

Zuweilen erhöht sich die Zufriedenheit auch durch eine Rückbesinnung auf einfachere, reduziertere Lebensgewohnheiten. So kann man beispielsweise den Fernsehkonsum zurückschrauben, die Informationsaufnahme auf wenige, wirklich wichtige Quellen beschränken, genügend Entspannungsphasen im Tagesablauf einplanen und sich mehr auf die Dinge konzentrieren, die einem wirklich guttun.

Doch auch die Beschäftigung mit Religion und Spiritualität bringt für manche Menschen eine hohe Befriedigung mit sich. Ebenso trägt Musikgenuss nicht selten zur Entspannung und Zufriedenheit bei. Zudem wird in unterschiedlichen Untersuchungen – neben den bereits erwähnten sportlichen Aktivitäten – immer wieder auch die Natur als eine Quelle des Glücks genannt, da sie neue Erlebnisse und vertiefte Wahrnehmungen in unserem Inneren hervorruft.

Der Einsatz von chemischen Substanzen kann zwar kurzfristig den Bewusstseinszustand und das Empfinden verändern, langfristig ist dies aber kein geeigneter Weg, um den eigenen Seinszustand dauerhaft zu verändern. Denn eine ständige Euphorie liegt sicherlich nicht in der Absicht der menschlichen Natur, da sie sich jedem Zustand auf Dauer anpasst und ihn sodann auch anders, abgeschwächt empfindet. Vielmehr sind eigene Aktivitäten in einem „normalen", von Substanzen unbeeinflussten Bewusstseinszustand viel eher dazu geeignet, das Leben zu bereichern und es inhaltsvoller zu gestalten.

Auch die eigenen Erwartungen spielen eine große Rolle dabei, wie zufrieden ich mein eigenes Leben betrachte. Zwar bewirkt ein hohes Anspruchsdenken an sich selbst eine Leistungs- und Produktivitätssteigerung, zugleich verbunden damit ist jedoch, dass mit möglicherweise zu hohen Ansprüchen Misserfolge eingehen, die die Unzufriedenheit mit unserem Leben erhöhen.

Positives Denken kann trotz aller Kritik an dieser Einstellung zu einer aktiveren Lebenshaltung führen und uns die Dinge von einer angenehmeren Seite sehen lassen. Auch die Fokussierung auf die Gegenwart trägt dazu bei, uns von Sorgen abzulenken und uns neue Chancen zu eröffnen.

Schließlich ist nicht zuletzt ebenso die Akzeptanz der eigenen Person von enormer Bedeutung. Wer ständig mit sich selbst im Streit liegt, wird auch ständig unangenehme Gefühle produzieren. In Einklang mit sich selbst sein, die eigenen Möglichkeiten erkennen und positive Ziele formulieren, dies sind sicherlich Grundpfeiler für ein zufriedeneres Leben.

Es sei ausdrücklich davor gewarnt, möglichst alle Empfehlungen der sogenannten Glücksratgeber-Literatur umsetzen zu wollen! Nicht *alle* Tipps und Anregungen sind für *jeden* Persönlichkeitstyp geeignet. Vielmehr gilt es, selektiv vorzugehen. Ein jeder und eine jede sollte sich immer nur diejenigen Vorschläge heraussuchen, die zu ihm oder zu ihr passen. Nicht das Glück an sich sollten wir permanent anstreben, sondern stattdessen bei uns selbst die Tätigkeiten erkennen, die zu einer positiven Stimmungslage beitragen. Allein schon, wenn wir uns kognitiv mit dem Thema Glück auseinandersetzen, werden wir vermutlich positive Einflüsse durchleben. Auch Filme können durchaus eine sehr aufbauende Wirkung auf unser Empfinden haben. Wirklich gute Filme wirken lange in uns nach, verstärken unsere Reflexion und lassen so neue Perspektiven und Sichtweisen entstehen. Doch es sind ebenso die alltäglichen Details und kurzen Momente wie ein nettes Kompliment, ein kleines Geschenk oder eine andere Aufmerksamkeit, die zur Steigerung unseres Wohlbefindens beitragen und unser eigenes Glück steigern.

Immer wieder sollten wir uns fragen, ob sich Glück überhaupt erreichen lässt. Schon Aristoteles setzte sich mit dem Problem, was das gute Leben sei, intensiv auseinander. Dabei stellte er nicht so sehr das persönliche Glücksstreben in den Vordergrund, sondern vielmehr die Reflexion über das eigene Leben, das auch über die eigene Person hinausweist. Zu allen Zeiten und durch alle Jahrhunderte hindurch wurden immer wieder sechs Tugenden für ein gutes Leben benannt und hervorgehoben: Weisheit und Wissen, Mut, Liebe und Humanität, Gerechtigkeit und Mäßigung, Spiritualität sowie Transzendenz.

Doch auch Dankbarkeit ist eine erhebliche Quelle des Glücks, denn sie erhöht unsere persönliche Zufriedenheit und innere Harmonie. Voraussetzung dabei ist natürlich, dass eine solche Dankbarkeit auf jeden Fall aufrichtig ist, wirklich von Herzen kommt. Viele Menschen sind schlichtweg nicht in der Lage, Dankbarkeit auszudrücken. Mit dem Verzicht auf die Möglichkeit jedoch, anderen Menschen positive Gefühle zu vermitteln, lassen sie zugleich die Chance ungenutzt, die mit Dankbarkeit verbundenen positiven Reaktionen der anderen für die eigene Gefühlswelt auf sich rückwirken zu lassen.

Dankbarkeit kann aber nicht nur auf unsere Mitmenschen gerichtet sein, sondern Dankbarkeit lässt sich beispielsweise ebenso gegenüber der Natur, die uns umgibt, empfinden oder gegenüber der Spiritualität, die wir wahrnehmen. So spielt nicht zuletzt Dankbarkeit in vielen Religionen stets eine wichtige Rolle und beeinflusst das soziale Leben in ganz erheblichem Maße. Außerdem eröffnen wir durch gutes Tun anderen die Möglichkeit, dankbar zu sein – und damit auch, aufgrund dieser Dankbarkeitserfahrung zufriedener zu werden. Durch Dankbarkeit verstärken wir also unsere positiven Emotionen, setzen uns zugleich angenehmen sozialen Situationen aus und finden zugleich Wege, unser Bewusstsein über das eigene Ich hinaus zu erweitern.

Neben der Dankbarkeit kann auch Vergebung dazu führen, spannungsgeladene Situationen im wahrsten Sinne des Wortes zu entspannen. Solange wir an unserem Ärger festhalten, bewahren wir die unangenehmen Emotionen in uns und begeben uns damit der Chance, uns selbst wie auch andere positiver zu stimmen. Auch die eigene physische Gesundheit wird stabiler, da mit der Vergebung eben stets eine Entspannung einhergeht. Nelson Mandela hat diesen Aspekt bei seiner Entlassung aus dem Gefängnis in dem berühmten Satz zusammengefasst:

Wenn ich diese Menschen weiter hasse, dann bleibe ich im Gefängnis.

Und von Buddha ist der Satz überliefert:

An Ärger festzuhalten ist wie ein glühendes Stück Kohle festzuhalten: Der Einzige, der sich dabei verbrennt, bist du selber.

Die positiven Auswirkungen von Sport auf unser Seelenleben sind schon oft und vielfältig beschrieben worden. Sport kann nicht nur den gesamten Körper stärken und entspannen, sondern übt auch einen erheblichen Einfluss auf unsere Psyche und unser Glücksempfinden aus. Sport stärkt nachhaltig das Selbstwertgefühl, zudem können wir auch zu Flow-Aktivitäten gelangen, auf diese Weise unsere Psyche auf vielfältige Weise beeinflussen und unser Bewusstsein in eine positive Richtung lenken.

Aber auch die Art unseres Denkens beeinflusst uns in nicht unerheblichem Maße: Dinge lassen sich immer von unterschiedlichen Standpunkten betrachten, aus einer positiven und aus einer negativen Perspektive. Möglicherweise liegen wir mit einer positiven Sicht ja auch hin und wieder mal falsch. Zugleich aber erhöhen wir die Chancen, Lebensumstände positiv zu beeinflussen und zu gestalten, allein schon deswegen, weil wir motivierter und aktiver an eine Sache herangehen.

Bei unserer Art zu denken durchlaufen wir jedes Mal Aufwärts- oder Abwärtsspiralen. Diese Spiralen lassen sich in beide Richtungen hin beeinflussen. Die positive Sichtweise versetzt uns dabei in eine zunehmend optimistischere Gemütslage, die automatisch positive Folgesituationen erzeugt und auch zu Aktivitäten motiviert. Gerade in negativen Situationen erleben wir immer wieder Übergeneralisierungen, mit denen wir uns selbst wie auch anderen schaden. Optimistisches Denken hingegen richtet sich automatisch stets auf positive Aktivitäten aus und weist in die Zukunft.

Aber auch positive vergangene Lebensereignisse, an die wir uns zurückerinnern und die wir wieder neu aufleben lassen, haben eine grundlegend optimistische Kraft. Und wenn wir dann eine Situation oder ein Ereignis in schöner Erinnerung behalten wollen, sollten wir auf jeden Fall darauf achten, dieses Rückbesinnen auf Vergangenes mit einer sehr positiven Stimmung ausklingen zu lassen. Nicht umsonst heißt es ja auch, man soll eine Feier dann beenden, wenn sie am schönsten ist. So nämlich wird uns dieses Ereignis auch insgesamt als positiv in Erinnerung bleiben.

Ebenso ist die Imagination, das Sich-Vorstellen positiver Bilder für die Ausbildung optimistischer Gedanken von erheblicher Bedeutung. Für viele Menschen stellt auch das Schreiben eine Quelle der Kraft und Energie dar. Weil wir gezwungen sind, unsere Gedanken beim Ausformulieren viel stärker zu konkretisieren, prägen sie sich uns auch viel nachdrücklicher ein, als wenn wir nur in allgemeinerer Form über etwas nachdenken, ohne es niederzuschreiben.

Es gibt ungezählte Hinweise darauf, dass Glück nicht unbedingt willentlich angestrebt werden sollte. Vielmehr erhöht eine positive, aktive Lebensweise die Chancen erheblich, auch immer wieder Glücksmomente zu erleben. Wenn wir ein sinnvolles, nützliches Leben führen, werden sich Glücksmomente unweigerlich ganz von selbst einstellen, ohne dass wir diese direkt anstreben. Eine zu starke Konzentration auf ein erhofftes positives Ereignis kann manchmal zu Enttäuschungen führen, da wir uns vielleicht zu sehr auf einen einzigen Aspekt konzentriert und dabei andere Faktoren aus dem Blick verloren haben.

Eine allzu große Wahlfreiheit führt nicht selten dazu, dass unsere Zufriedenheit sinkt. Bei einer unendlich großen Vielfalt von Optionen müssen wir uns nämlich zunächst erst einmal einen Überblick verschaffen. Dies ist mit viel Aufwand und Energie verbunden. Und nachdem wir endlich eine Entscheidung getroffen haben, bleibt das schale Gefühl zurück, möglicherweise doch nicht die richtige Auswahl getroffen zu haben. Insofern sind weniger Auswahloptionen häufig viel positiver für uns, da wir rascher und begründeter zu einer guten Entscheidung gelangen.

* * *

Der erste Schritt zum Glück, wie schwierig er auf den ersten Blick auch erscheinen mag, kann durchaus mit einer ganz bewussten Entscheidung beginnen. So sind sich manche Philosophen dahingehend einig, dass der Mensch selbst die Wahl hat, ob er nun glücklich oder unglücklich ist. Dies lässt sich leicht sagen, doch was steckt dahinter? Ganz offensichtlich sind manche Menschen einfach deswegen unglücklich, weil Glück bei ihnen nicht an oberster Stelle rangiert. Doch auch unsere Erwartungshaltungen spielen eine ganz erhebliche Rolle dabei, ob wir Glück empfinden oder nicht. Schrauben wir diese Erwartungen zu hoch, ist es unausbleiblich, dass wir permanent unzufrieden sein werden. Zudem müssen wir unser Bewusstsein dafür schärfen, dass wir es nicht selten mit Illusionen und Selbsttäuschungen zu tun haben, die uns unser Gehirn anbietet. Wir reflektieren alles, bewerten alles – und fixieren uns häufig auf eine allzu negative Sichtweise. Das Glück resultiert oftmals nicht daraus, was uns das Leben präsentiert, sondern welche Perspektive wir dazu einnehmen und wie wir verschiedene Situationen bewerten. Auf vieles im Leben können wir keinen Einfluss nehmen, etwa auf einen Schicksalsschlag, auf Konflikte, unangenehme Erlebnisse. Begreifen wir dies jedoch als Herausforderung und nehmen sie an, gelingt möglicherweise eine neue Sicht auf die Dinge und wir können unsere Einstellungen zum Positiven verändern. Vielleicht haben wir tatsächlich die Wahl zwischen Glücklich- und Unglücklichsein und können dies durch eine aktive Lebensgestaltung oder auch durch bestimmte Überzeugungen erreichen. Die Spielräume für unser Glücksempfinden sind sicherlich ungleich größer, wenn wir die Möglichkeiten der subjektiven Einschätzung besser wahrnehmen.

Die Selbstwahrnehmung, englisch *Self-awareness*, wird für die eigene Zufriedenheit zunehmend wichtiger. Der eigene Blick nach innen kann überaus entspannend sein, verhilft uns zudem zur Erkenntnis eigener Prioritäten. Individuelle und unterschiedlichen Gefühlslagen werden besser erspürt, zudem erkennen wir, warum wir uns in bestimmten Situationen auf eine bestimmte Art und Weise verhalten. Dies aber ist eine gute Voraussetzung im Umgang mit unseren Mitmenschen. Denn wenn wir unsere eigenen Gefühle besser erkennen und verstehen, wird uns unweigerlich auch die soziale Interaktion mit anderen leichter fallen. So haben beispielsweise auch Profisportler diese Methode als gewinnbringend erkannt und wenden sie für sich an. Diese Selbstwahrnehmung unterstützt dabei, uns selbst wie auch andere besser einzuschätzen. Wir erkennen unsere eigenen Gefühle besser und können sie sodann besser regulieren. Auch die Außenwirkung auf andere können wir besser einschätzen und somit unsere Persönlichkeit effektiver steuern.

Wir laufen immer Gefahr, Gefangene unserer eigenen Erfahrungen zu werden, wenn wir zu überstürzt handeln und zu unüberlegt sind. Bei einer vertieften Selbstkenntnis hingegen werden wir unsere Umgebung sensibler und genauer wahrnehmen. Die eigene Wahrnehmung ist stets auch ein Filter, der bestimmte Dinge für uns verschleiert oder aber verfälscht. Achtsamkeit hingegen ermöglicht, die eigenen Gedanken gezielter zu steuern. Durch Aufmerksamkeit und Selbstwahrnehmung gelangen wir zu neuen Sichtweisen, die es ermöglichen, unsere Umwelt und die Dinge um uns herum wirklichkeitsgetreuer wahrzunehmen. Und vor allem erlangen wir mehr Klarheit darüber, wie wir emotional auf bestimmte Reize reagieren. Ist dies erst einmal durchschaut, können wir auch situationsgerechter reagieren.

Doch ebenso wie für die Selbstwahrnehmung sollten wir auch für die Fremdwahrnehmung offen sein. Sie stellt ein wichtiges Korrektiv dar und ermöglicht uns ein besseres Verständnis für die Reaktionsweisen unserer Umwelt. Grundsätzlich gilt: Eine bessere Selbstwahrnehmung ist immer auch verbunden mit einem größeren individuellen Wohlbefinden, da wir dann mit anderen Menschen problemloser klarkommen und angemessener auf sie reagieren.

Die Wahrnehmung und unsere Aufmerksamkeit hängen sehr eng miteinander zusammen. Dabei bildet die Wahrnehmung sehr häufig nicht die Tatsachen ab, sondern es handelt sich um Konstrukte unseres Gehirns aufgrund früherer Erfahrungen und eigener Zusammenhänge und Assoziationen. Wir blenden also sehr viele Geschehnisse aus, die uns umgeben. Auf diese Weise können wir unbewusst Zeit und Energie sparen.

Ebenso kann unsere Aufmerksamkeit durch Blicke und Bewegungen anderer manipuliert werden. Dabei stellen wir Assoziationen her, an die wir normalerweise gar nicht gedacht hätten. Zauberkünstler beispielsweise beeinflussen unsere Aufmerksamkeit auf diese Weise sehr stark, um uns von den realen Geschehnissen abzulenken. Unser Denken lässt sich also nachdrücklich auch durch die äußere Umgebung beeinflussen. Und genau auf diese Weise kann unsere Wahrnehmung uns über die tatsächlichen Geschehnisse täuschen, da wir nur perspektivisch wahrnehmen, bestimmte Aspekte sehen, andere ausblenden.

Mit dem exakt gleichen Mechanismus können wir durch positive Motivation unser Denken und unsere Wahrnehmung steuern, da wir dann die für uns angenehmeren Dinge wahrnehmen. Gleichzeitig müssen wir uns aber bewusst machen, dass die Realität immer unterschiedliche Aspekte umfasst und wir uns darüber im Klaren sein müssen, dass wir auf unser Fühlen, Denken und unsere Wahrnehmungen einen gewissen Einfluss ausüben, der uns je nachdem positiv oder negativ beeinflusst.

* * *

Viele Menschen fühlen sich gehetzt, bürden sich ständig neue Aufgaben auf. Verbunden damit ist das Gefühl zunehmender Anforderungen. In uns entsteht ein Druck, mehr und mehr schaffen, mehr und mehr erledigen zu müssen. Um dies alles noch zu managen, erstellen wir nicht selten To-do-Listen. Darin vermerken wir alle Aufgaben, die wir uns vorgenommen haben – wobei sich zugleich die Frage stellt, wie man überhaupt noch den Überblick behält, ohne sich in dieser ständig zunehmenden Vielzahl von Aufgaben zu verlieren.

Was also könnte eine Lösung sein, um aus dieser Spirale herauszukommen? Als hilfreich hat sich die sogenannte *Not*-to-do-Liste erwiesen. Wir müssen uns immer wieder klarmachen und vor Augen führen, was wir alles *nicht* erledigen möchten beziehungsweise auf was wir gut und gern verzichten können. Erst wenn uns dies bewusst wird, gewinnen wir Zeit und Raum für diejenigen Aufgaben, die uns wirklich wichtig sind und uns am Herzen liegen.

Eine *Not*-to-do-Liste zu erstellen, ist keinesfalls einfach. Denn den meisten Menschen fällt es in aller Regel schwer, auf Aufgaben zu verzichten, sie einfach „sein zu lassen", unerledigt zu lassen. Viele möchten heutzutage möglichst viel möglichst schnell erledigen. Das Verlustgefühl, etwas auch mal *nicht* zu machen, stört empfindlich unser Selbstbewusstsein und unser Bild, dass wir selbst von uns haben. Aber hier muss man sich immer wieder vor Augen führen: Wenn wir uns zu viele Aufgaben vornehmen, bleibt uns weniger Zeit für die wirklich wichtigen Aufgaben. Und so fühlen wir uns rasch ausgebremst.

Bemerkenswert: Bei vielen Menschen ist die Liste der Dinge, die man *nicht schaffen muss*, viel länger als die Liste der Dinge, die man *schaffen will*. Ein Zuviel an Aufgaben belastet uns genauso sehr wie ein Zuviel von Dingen und Gegenständen, mit denen wir uns umgeben. Ein Zuviel ist also immer eher belastend. Ein jeder von uns verfügt nur über bestimmte Kapazitäten und bestimmte Zeitkontingente, die zur Verfügung stehen. Bei Überforderung stellt sich demnach unweigerlich ein Gefühlt der Überforderung ein. Wir werden unzufrieden, fühlen uns gehetzt und glauben überdies noch, dass uns die Fähigkeiten dafür fehlen, alle Aufgaben zu bewerkstelligen.

Die ungleich viel wichtigere Erkenntnis ist jedoch, dass unsere Zufriedenheit durch gewisse Einschränkungen und durch die Reduzierung von Aufgaben zunimmt, die wir überdies ja eigentlich gar nicht wirklich erledigen möchten. In unserer Selbsteinschätzung unterstellen wir allzu häufig, dass wir die Dinge, die uns einfallen, auch erledigen *müssten*. Viel wichtiger und hilfreicher wäre es allerdings, unser Leistungsdenken zu korrigieren und zu erkennen, dass wir uns erst durch eine Selbstbegrenzung unseres Anspruchsdenkens und unserer Erwartungshaltung an uns selbst ungleich zufriedener und gelassener fühlen. Das Ergebnis ist letztendlich viel besser für unser Wohlbefinden, wenn wir uns einschränken und unsere Prioritäten hinterfragen und sie bewusst und reflektiert setzen.

* * *

Die persönliche Zufriedenheit hängt in starkem Maße mit dem Stressempfinden zusammen. Dabei wird der Stress für viele Menschen durch den Zeitdruck bestimmt. Man unterscheidet zwischen einer problemorientierten Stressbewältigung und einer emotionsorientierten Stressbewältigung. Wir sind also zum einen mit dem Versuch konfrontiert, rational Lösungen für unsere Stressprobleme herbeizuführen, zum anderen sind wir gefordert, uns mit den infolge von Stress ausgelösten Emotionen zu beschäftigen, die sehr häufig mit dem subjektiven Empfinden zusammenhängen.

Dabei ist es wichtig, die richtige Work-Life-Balance zu finden. Die Entgrenzung von Arbeits- und Privatbereich führt nicht selten zu Konflikten, das Privatleben wird immer häufiger durch berufliche Situationen beeinträchtigt. Denn das Arbeitsleben wirkt sich stärker auf das Privatleben aus als umgekehrt, nicht zuletzt bedingt durch moderne Medien, die es ermöglichen – aber eben auch erzwingen –, in *jeder* Situation auf berufliche Kontexte zu reagieren.

Stressreduzierend wirkt häufig, wenn wir auf möglichst große Vielfalt unserer Aufgabenstellungen achten. Insofern spielt natürlich die Autonomie am Arbeitsplatz eine große Rolle für unsere Zufriedenheit. Auch ein hoher Stellenwert des Lernens während der beruflichen Entwicklung trägt dazu bei, die Arbeit als angenehm und entspannt zu empfinden.

Zeitdruck ist für viele Menschen der Stressfaktor Nummer eins. Die Fülle der gestellten Aufgaben nimmt ständig zu, zugleich wird es einfacher und geht rascher vonstatten, neue Aufgaben übernehmen zu können. Welche Möglichkeiten aber gibt es, den Stress zu reduzieren? Vor allem sollten wir uns an jedem Tag eine Erholungsphase gönnen, in der wir entspannen und auch zu unserer Arbeit eine gewisse Distanz entwickeln können. Dabei ist es durchaus hilfreich, manchmal sozusagen „einen Termin mit sich selbst" auszumachen oder sich eine Phase des Nichtstuns fest vorzunehmen. Und auch während der Freizeit sollten wir uns nicht zu sehr durch Termine und Programme einengen lassen. Die Freizeit sollte wirklich in erster Linie selbstbestimmt verbracht werden.

Zudem kommt dem Schlaf eine große Bedeutung zu, denn durch ausreichend Schlaf können wir uns viel besser erholen und unsere Kräfte wieder sammeln. Auch die regelmäßigen Pausen im Laufe eines Tages tragen zu wertvollen Entspannungsphasen bei und erhöhen ihren Wert. Denn gerade wenn unser Arbeitsleben sehr stark von Aktivität und Dynamik geprägt ist, ist das regelmäßig Abschalten von besonderer Bedeutung. Hier ist es ratsam, völlig andere Aktivitäten zu ergreifen und auch Rituale zu entwickeln, um von der Arbeitsphase in die Freizeitphase hinüberzugleiten.

Es gibt auch Menschen, die ein Tagebuch führen, in dem sie ihre positiven Erlebnisse festhalten und sich Gedanken darüber machen, wem im Laufe eines Tages sie Dankbarkeit schulden. Zudem kann es auch sehr befriedigend sein, anderen in irgendeiner Weise soziale Unterstützung zuteilwerden zu lassen oder ihnen ein positives, verstärkendes Feedback zu geben und sie mit Ratschlägen zu unterstützen, sofern diese gewünscht sind. Auch ehrenamtliche Tätigkeiten tragen zu großer Zufriedenheit bei, da die Wahrnehmung sozialer Verantwortung in uns positive Gefühle erzeugt. Daneben bieten sich aber auch körperliche Aktivitäten zum Stressabbau an. Ein Ausdauertraining beispielsweise, verbunden mit einer gewissen Regelmäßigkeit, reduziert unseren Druck und trägt unterstützend zu einer positiven Lebensgestaltung bei.

* * *

Wir Menschen sind soziale Wesen. Unabdingbar für das eigene Glück ist daher der Kontakt zu anderen, um eigene Glücksgefühle hervorzurufen. Zudem wird durch solche Interaktion auch die Gesundheit gestärkt. Unser soziales Leben, gelungene Beziehungen zu Familienmitgliedern und Freunden spielen somit eine wichtige Rolle für unsere Zufriedenheit im Leben.

Setzen wir uns Ziele und nehmen sie in Angriff, dient dies ebenfalls dem Glücksgefühl. Ein solches Tun wirkt sich auf unser Verhalten aus, das somit eine sinnvolle Richtung erhält. Wesentlich zugleich ist dabei aber immer auch, flexibel zu bleiben, denn zu hochgesteckte, unerreichbare Ziele bewirken das Gegenteil und können uns unnötig belasten.

Bemerkenswert ist übrigens, dass zu Themenkomplexen wie Depression und Angst wesentlich mehr publiziert wird als zum Thema Glück. Dies hat sicherlich viele Gründe, doch eine Ursache hierfür könnte auch sein, dass dieses Phänomen mit unserer Sichtweise auf das Leben zusammenhängt. Jedenfalls spielt die Glücksforschung eine längst nicht so große Rolle wie die anderen genannten Themen.

Ein weiterer interessanter Aspekt ist auch, dass sich unsere materiellen Lebensbedingungen in den letzten Jahrzehnten zwar wesentlich verbessert haben, das Glücksgefühl jedoch bei Weitem nicht im gleichen Maße zugenommen hat. Dieses Phänomen beschrieb bereits Easterlin im Jahr 1974 mit dem sogenannten Easterlin-Paradox (Easterlin 1974). Wenn erst einmal die materiellen Verhältnisse gut und sicher sind, kann ein darüber hinausgehendes noch höheres Einkommen das Wohlbefinden nicht weiter steigern. Auf die begrenzte Bedeutung von materiellen Gütern hat bereits der römische Philosoph Seneca hingewiesen, als er sagte, dass derjenige Mensch am glücklichsten sei, dem nichts geraubt werden könne.

Bei der Erforschung des Glücks stößt man unweigerlich immer wieder auf die Bedeutung von Beziehungen. Menschen in gelungenen Beziehungen sind ungleich viel glücklicher als die meisten Singles oder einsame Menschen. Dennoch gibt es zutiefst unterschiedliche Herangehensweisen an das Glück.

Glück wird auch immer wieder im Zusammenhang mit Religionen diskutiert, und zwar durchaus nicht nur im Buddhismus. Könnte es sein, dass die Glücksdiskussion schlichtweg einen falschen Ansatz hat, nämlich dass Leben immer auch Leiden bedeutet und dass daher das Streben nach Glück in die falsche Richtung geht? Die meisten Religionen befassen sich – natürlich neben vielem anderen – auch mit der Zufriedenheit. In diesem Zusammenhang werden nicht nur die Spiritualität in den Vordergrund gerückt, sondern auch Fragestellungen nach dem Verzeihen, nach Dankbarkeit und einem tugendhaften Leben. Und möglicherweise ist nicht auszuschließen, dass wir uns gerade dann dem Glück am meisten nähern, wenn wir es eben gerade *nicht* verbissen anstreben und an dem Sich-Einstellen solcher Gefühle geradezu krampfhaft arbeiten. Denn eine zu starke Steuerung kann dazu führen, den Kontakt zu wesentlichen Seiten des Lebens zu verlieren. Nicht wenige Menschen haben sich immer wieder die Frage gestellt, ob sich ihr Glücksgefühl überhaupt beeinflussen lässt oder ob Zufall und Schicksal nicht eine viel stärkere Rolle spielen als vermutet.

Auch die subjektive Seite des Glücks wird immer wieder beschrieben. Klassisches Beispiel hierfür ist die Geschichte von Hans im Glück, der seine materielle Habe immer wieder gegen scheinbar weniger Wertvolles eintauscht, dabei aber zugleich das Gefühl erfährt, beständig glücklicher zu werden.

Intensive Naturerlebnisse können ebenso starke Glückszustände in uns auslösen. Wir fühlen uns eins mit der Natur oder lassen uns von der faszinierenden Umgebung umfangen und beeinflussen. Dieses Gefühl des Eins-Seins lässt uns alles andere, das normalerweise unser Leben bestimmt, vergessen. In solchen Momenten werden materielle Dinge völlig unerheblich. Gerade im Naturerleben wird deutlich, dass uns die bewusste Suche nach dem Glück manchmal auch von wahren Glückserlebnissen abbringen kann.

Daneben ist das sinnliche Glück von großer Bedeutung. Es bereichert unser Leben nachhaltig. Ebenso kann ein gelungenes moralisches Leben, das Konflikte vermeidet und Rücksicht auf Beziehungspersonen nimmt, eine große Quelle des Glücks sein. Und nicht zuletzt übt auch das persönliche Schaffen und Wirken einen starken Einfluss auf unser Glücksempfinden aus. Konfrontiert mit dem Ergebnis gelingender Arbeit, werden wir zufriedener und manchmal auch glücklicher.

Die Möglichkeiten, Glück oder Glücksmomente zu erleben, lassen sich auch durch die Entdeckung neuer Bereiche steigern. Ebenso sind hier der eigene Geist und die eigene Spiritualität bedeutsame Quellen des Glücks. Immer dann, wenn wir uns für viele unterschiedliche Dinge interessieren oder uns alternativ auch auf ein spezielles Gebiet leidenschaftlich konzentrieren, trägt dies zu mehr innerer Zufriedenheit bei. Die Entfaltung des eigenen Selbst ist für das Glücksempfinden wesentlich. Sind wir in der Lage, unsere Anlagen und Bedürfnisse zu entwickeln, können wir auch automatisch positiv auf unsere Umwelt einwirken und mit Konflikten, die unausweichlich sind, konstruktiv umgehen.

* * *

Wesentlich ist es, eine Balance zwischen innerer Ordnung und kreativer Unordnung zu finden. Es darf keine Fixierung auf das Berechenbare geben, denn bei jedem Geschäftsabschluss sind immer auch Emotionen im Spiel. Insofern sind die Möglichkeiten des Scheiterns stets mit zu bedenken. Erforderlich ist es, Individualität und subjektive Wahrheit zu erkennen, Freiräume für Ideen zu schaffen.

> Wichtig sind Momente, in denen wir etwas Neues gewagt, etwas die Kontrolle verloren und die Welt mit frischen Augen gesehen haben. (Marcel Proust)

Wir sind gefordert, ständig Neues auszuprobieren und an die eigenen Grenzen zu gehen. Nach etwa sechs Monaten tritt bei jeder neuen Arbeit eine gewisse Routine ein. Hier sind wir stimuliert, die gewohnten Bahnen zu verlassen und uns außerhalb der Komfortzone zu begeben. Wir sollten neue Dinge angehen, als würden wir sie zum ersten Mal machen. Intuition darf nicht von Algorithmen ersetzt werden. Zwar können uns Daten Antworten auf die richtigen Fragen anbieten, aber neue Fragen können (und müssen) nur wir selbst stellen.

Wesentlich ist sicherlich auch, sich den Glauben an eine andere Welt und an Visionen zu bewahren. Und, ganz wichtig: Wir müssen auch Meinungen zulassen, die das eigene Weltbild infrage stellen. Wir bewegen uns in einem extrem volatilen wirtschaftlichen Umfeld. Die Digitalisierung beschleunigt und begünstigt diese Entwicklung und ermöglicht permanente Veränderung. Insofern ist auch von Mitarbeitern gefordert, außerhalb vorgegebener und festgefahrener Strukturen zu denken. In einer hypervernetzten Welt ist der ständige und unvorhersehbare Wandel vorprogrammiert und Innovationen bringen nur die hervor, die bereit sind, Gewohntes zu verlassen. Überraschung, Unberechenbarkeit und Zweifel sind wesentliche Antriebsfedern jeder Innovation.

Allerdings kann der Wunsch, Erfolg zu haben, zuweilen auch so viel Raum einnehmen, dass Wichtiges aus dem Blick gerät. Auch der ständige Kampf um Zeit und Ressourcen verhindert nicht selten Kreativität.

Wichtig ist auch, sich bewusst zu machen, was vor einer Entscheidung geschieht. Es gibt ein sogenanntes Empfindungsmanagement. Ferner sehen wir uns mit einer Informationsflut konfrontiert. Viele Menschen klagen geradezu über eine zu starke Ablenkung. „Mind-wandering" nennen Wissenschaftler dieses Phänomen. Immer mehr Menschen versuchen, mehrere Aufgaben gleichzeitig zu bewältigen. Und dabei wollen wir uns ständig „Minibelohnungen" abholen, die durch neue Impulse ausgelöst werden. Die digitale Welt vermittelt uns viele Impulse, es geht aber immer darum, hier die richtige Dosis für Anregungen zu finden und sich auch entsprechend zu beschränken.

Achtsamkeit ist ein Modewort der zurückliegenden Jahre. Der Mensch soll im Vordergrund stehen, das Abschalten und Sich-Ausklinken wird für viele Menschen immer wichtiger. Es erfordert mehr Ruhe und Geduld, um wirklich wieder die für uns wichtigen Punkte zu erkennen. Die eigene Unkonzentriertheit wird zunehmend als störend empfunden, da wir mit der Vielzahl von Ablenkungen nicht mehr richtig umgehen können. Die Folge ist: Unsere Gedanken driften ständig ab.

Rund zwei Drittel des Tages beschäftigen sich viele Menschen aktiv mit relativ unwichtigen Dingen, die entweder in die Zukunft reichen oder sich mit der Vergangenheit befassen. Dabei driftet die Aufmerksamkeit ab. Inzwischen ist es soweit, dass viele Menschen kaum länger mehr als zwanzig Minuten ausreichende Aufmerksamkeit für einen Vortrag aufbringen. Das aktuell Geschehende erfährt eine Abwertung, weil unsere Gedanken ständig abschweifen. Dabei sollte die eigene Wahrnehmung viel stärker an den Augenblick gekoppelt sein.

Viele Menschen verlieren zunehmend die Kontrolle über ihr eigenes Verhalten, da sie den Ablenkungen nicht ausweichen können. Als Gegenwart wird häufig das empfunden, was zwei bis drei Sekunden dauert. Danach wandern unsere Gedanken bereits weiter und beschäftigen sich mit Neuem. Der ständige Input ist so immens, dass er uns unentwegt irritiert. In diesem Zusammenhang ist auch vom „rasendem Stillstand" die Rede. Wir sind angesichts der Informationsfülle herausgefordert zu entscheiden, was wirklich wichtig für uns ist. Unsere ständig wechselnde Aufmerksamkeit benötigt eine Fokussierung, die uns klarmacht, wo unsere wirklichen Prioritäten liegen.

* * *

Die zunehmende Geschwindigkeit der Informationsvermittlung sowie die Verfügbarkeit von Informationen machen nicht automatisch glücklich – oder glücklicher im Vergleich zu früheren Jahrhunderten. Wir empfangen bei all dieser Nachrichtenfülle auch einen Wust von unwichtigen Informationen, die uns zwar kurzfristig stimulieren und unsere Neugier und Aufmerksamkeit wecken, uns langfristig aber eher unzufrieden machen.

Unser Ziel ist es zumeist, gut informiert zu sein. Die ungeheure Informationsfülle gibt uns aber zugleich das Gefühl einer Unzulänglichkeit, nämlich das Gefühl, dass wir eigentlich noch ungleich viel umfassender informiert sein könnten und müssten. Die Entscheidung darüber, welche Informationen für uns letztlich nun wesentlich sind, ist nicht einfach, denn jeder Mensch setzt seine Prioritäten anders und hat andere Interessen. Eigentlich sollten wir uns viel mehr darum bemühen, dem Gefühl zu entkommen, noch über viel zu wenige Informationen zu verfügen. Denn dieses Gefühl erzeugt Stress. Demnach ist es vor allem erforderlich, sich von dem Gefühl frei zu machen, stets und ständig umfänglich über alles Mögliche Bescheid wissen zu müssen. Wir sollten akzeptieren, dass es Menschen gibt, die in bestimmten Bereichen besser informiert sind als wir selbst. Dabei ist es heutzutage zugleich ungeheuer einfach, sich über alle möglichen Wissensgebiete rasch per Internet zu informieren. Wichtig sind in diesem Zusammenhang also vor allem die Erkenntnis und auch die Fähigkeit zu entscheiden, worüber wir eigentlich *nicht* so umfangreich informiert sein müssten. Denn häufig reicht auch schon ein grober Überblick über eine Thematik und zu Fragestellungen vollkommen aus.

Auch der Umgang mit der Zeit ist von großer Bedeutung für unser Glücksgefühl. Wir sollten stets im Blick behalten, auf welche Weise wir unsere Zeit verbringen, ohne uns einem ständigen Zeitstress zu unterwerfen. Jeder kennt die Situationen, in denen wir Zeit für Dinge und Beschäftigungen aufwenden, die uns eigentlich gar nicht sonderlich interessieren, die uns nicht so wichtig sind, die uns aber Zeit für anderes rauben. Sinnvoller und wohltuender hingegen ist es, sich viel intensiver und häufiger auf Dinge zu konzentrieren, die uns wirklich Spaß machen und uns wirklich ausfüllen. Nicht weniges im Leben ist unabänderlich und wir müssen es akzeptieren, ob wir wollen oder nicht. Wenn wir uns also mit solchen Gegebenheiten abfinden, ersparen wir uns viel Zeit, die sich für andere Dinge erübrigen lässt, an denen wir wirklich Freude haben und die wir genießen können.

Zugleich sollten wir uns vor Augen führen, dass unsere Erinnerungen unsere Glücksgefühle bestimmen können. Unser Gedächtnis ist keine Videokamera, die alles aufzeichnet, sondern eine Möglichkeit, Erinnerungen spontan zu behalten oder Erinnerungen zu speichern, die mit unseren Gefühlen zu tun haben. Erinnerungen können also zu einem wesentlichen Teil unsere Glücksgefühle beeinflussen, wenn nicht sogar bestimmen. Wer sich auf Positives konzentriert, wird auch mehr positive Erinnerungen haben, welche wiederum unsere Stimmung positiv beeinflussen. Positive Erinnerungen können also unsere innere Zufriedenheit steigern. Wer sich immerzu nur auf seine negativen Erlebnisse und Erfahrungen konzentriert, sich immer wieder von neuem mit ihnen beschäftigt, wird unweigerlich auch seine Erinnerung an unangenehme Dinge verstärken.

Wer sich hingegen auf positive Geschehnisse seiner Vergangenheit konzentriert, wird sein Leben auch stärker positiv beeinflussen.

Selbstverständlich lassen sich negative Erinnerungen durch die Beschäftigung und Auseinandersetzung mit ihnen auch verarbeiten. Zugleich birgt die Aufarbeitung negativer Ereignisse aber immer auch die Gefahr, solche Erinnerungen sogar noch zu verstärken, uns also negativ zu beeinflussen. Gleiches ist auch beim Hören negativer Nachrichten in den Medien der Fall: Auch solche Nachrichten beeinflussen unsere Befindlichkeit und Sicht der Dinge manchmal ungewollt zum Schlechten hin und werden ungewollt zuweilen hysterisch verstärkt – und erst damit zu einem großen Problem aufgebauscht. Medien sind hier also durchaus auch ein Multiplikationsfaktor, der bestimmte – negative – Informationen immer weiter und immer intensiver verbreitet. Im Grunde wird die Bedeutung solcher Meldungen künstlich hochgespielt, Emotionen werden aufgefüllt, Empörungskräfte verstärkt. Dadurch aber wird die Lebensqualität der Empfänger solcher Botschaften gemindert. Diesen Mechanismus muss man viel stärker durchschauen und auch die Verstärkungsaspekte erkennen. Denn zum einen wird die Realität damit verzerrt, zum anderen werden Emotionen unnötigerweise geschürt.

Wichtig ist es auch zu erkennen, dass Sprache die Realität nicht immer exakt abbildet, sondern sie manchmal sogar extrem verfälscht. Nicht selten verwechseln wir Worte mit der Realität, häufig auch dann, wenn zwar einzelne Aspekte zutreffend beschrieben werden, der Großteil des dargestellten Sachverhalts jedoch falsch ist. Es gibt dann zwar einen Anker für die Realität, der uns in der Folge aber auf völlig falsche Wege führt. Auch Provokationen verleiten uns manchmal auf Irrwege. So gibt es Menschen, die uns bewusst provozieren, entweder um ihren eigenen Spaß daran zu haben oder aber, um uns eine verzerrte und falsche Realität zu vermitteln.

Ebenso verhält es sich mit Ideologien, die uns auf falsche Fährten locken. Sie suggerieren, dass wir völlig glücklich und zufrieden werden könnten, wenn wir ihnen nur folgen. Dies aber erweist sich häufig als ein völlig falscher Weg. Denn Ideologien üben zumeist einen extremen Druck auf uns aus mit dem Ziel, sie als erstrebenswert darzustellen. Dabei sind sie in Wahrheit nicht selten nur Mittel der Macht und Manipulation, gedacht zur Durchsetzung spezieller und in der Regel vor allem eigener Interessen. Verbunden damit ist zugleich oftmals die Abwertung derjenigen, die den Wertvorstellungen dieser Ideologien nicht folgen.

Ein glücklicher, in sich ruhender Mensch aber ist selbstbewusst genug, sich eigene Gedanken zu machen und die Energien und Motivationen, die hinter solchen Ideologien stehen, zu hinterfragen. Natürlich vertreten Ideologien immer auch Interessen, die gemeinschaftsfördernd sind und durchaus Wertvorstellungen vermitteln. Gefährlich allerdings sind sie immer dann, wenn sie ein verzerrtes Weltbild nutzen, um uns zu beeinflussen. Solche Manipulationen können durchaus auch im Namen der Freiheit geschehen. Ebenso gibt es immer wieder Eliten und Herrschaftsklassen, die Ideologien schlichtweg zu Durchsetzung einzig und allein ihrer eigenen Interessen benutzen.

Die Vielzahl von Wegen, das eigene Glücksgefühl zu steigern, ist immens. Daher ist jeder Mensch gefordert, seinen eigenen Weg selbst zu finden, denn ein Patentrezept dafür gibt es nicht. Natürlich lassen sich bestimmte Einstellungen und Verhaltensweisen benennen, die sich bei allen Menschen durchweg positiv auswirken. Zugleich hat jeder Mensch aber auch seine eigenen Erfahrungen durchlebt, hat seine individuellen Lebensumstände und Wertvorstellungen, die sein Glücksgefühl nachhaltig prägen. Insofern muss auch jeder für sich selbst herausfinden, was sein Glücks- und Lebensgefühl steigert. Voraussetzung hierfür ist allerdings, auf jeden Fall eine Balance zu finden zwischen Aktivität und Entspannung.

Auch die eigene Komfortzone sollte man immer wieder verlassen, da Bequemlichkeit einem erfüllteren und glücklichen Leben durchaus im Wege stehen kann. Ebenso übt unsere Sprache einen starken Einfluss auf uns selbst aus. Werden immerzu nur negative Formulierungen benutzt, beeinflussen wir uns unweigerlich auch selbst negativ. Umgekehrt gilt: Positive Formulierungen verstärken unsere Initiativkraft. Nur ein Beispiel: Die Formulierung „Das hat noch nie einer geschafft!" blockiert uns unweigerlich, die Formulierung „Viele Versuche führen zum Erfolg." stimmt uns hingegen positiv und stärkt unsere Initiative. Durch die richtige Wortwahl beeinflussen wir uns selbst. Das geht so weit, dass wir manchmal auch Situationen völlig anders wahrnehmen und bewerten. Unsere Aufmerksamkeit und Wahrnehmung lässt sich durch unsere

Sprache steuern. Sind wir uns aber erst einmal im Klaren darüber, dass vieles durch eine subjektive Brille gesehen wird und durch Formulierungen beeinflussbar ist, sollten wir daraus die Konsequenz ziehen und den positiven Einfluss auch nutzen. Es ist nicht übertrieben zu sagen: Durch die Veränderung der eigenen Sprache lässt sich auch das eigene Leben verändern. An jeder negativen Situation lassen sich auch positive Aspekte entdecken, die die eigene Wahrnehmung erweitern. Wir verändern eine Situation durch die Einbeziehung neuer Aspekte und Sichtweisen. Mark Twain hat einmal gesagt:

> Ich habe viel Schreckliches erlebt, aber das Meiste davon ist nicht passiert.

Damit sagt er nichts anderes als: Unsere Wahrnehmung beschreibt Situationen manchmal viel negativer, als sie am Ende tatsächlich sind.

Unser Blick sollte stets weit über das Materielle hinausgehen. Zugleich sollte er sich auch stärker auf das Positive richten. Jedes Wagnis ist besser als in der Passivität zu verharren. Und auch das Scheitern gehört dazu und sollte von vornherein als Möglichkeit mitbedacht werden. Es ist wichtig, sich die positiven Aspekte des Scheiterns wirklich vor Augen zu führen und ganz bewusst zu machen. Das Glück ist immer nur zum Teil an den Wohlstand gekoppelt, es kann sich häufig sogar völlig davon lösen. Auch der Selbstbeeinflussung kommt ein hoher Stellenwert zu. Es kommt doch nicht von ungefähr, dass sich Placebos in fast 30 Prozent aller Fälle positiv auswirken und Wirkung zeigen. Wir sind also in der Lage, uns viel stärker selbst zu beeinflussen, als wir uns gemeinhin vorstellen.

Das Streben nach Freude und das Vermeiden von Leid stehen bei vielen Menschen im Vordergrund. Mit unseren Vorstellungen können wir uns stark beeinflussen und unsere Realität verändern. Es gilt, sich immer wieder aufs Neue klarzumachen, was man auf der Welt bewirken möchte. Dabei dürfen uns auch Niederlagen und Misserfolge nicht daran hindern, die Initiative zu behalten und aktiv zu werden. Albert Einstein hat in diesem Zusammenhang einmal gesagt:

Die Definition von Wahnsinn ist, immer wieder das Gleiche zu tun und andere Ergebnisse zu erwarten.

Auch sollte immer handlungsführend sein, dass es eben Wichtigeres gibt als materielle Dinge. Materielle Dinge erleichtern zwar das Leben, aber nur bis zu einem gewissen Grad, da sie uns auch in die Irre führen können, weg von Wesentlichem. Zudem sollten wir die eigene Werteskala immer wieder überprüfen, hinterfragen und justieren, um nicht falsche (Lebens-)Wege einzuschlagen. Der Geist soll sich für die wirklich wichtigen Dinge im Leben öffnen. Dabei ist wesentlich, die eigenen Werte bewusst zu „er-leben" und sich zugleich klarzumachen, dass wir neben unserem bewussten Geist auch über einen unbewussten Geist, unser Bauchgefühl verfügen. Nicht Weniges in uns läuft unbewusst ab – und wir profitieren davon. Intuition und unbewusstes Wissen steuern unser Verhalten, wir müssen uns dafür nur öffnen. Unser Unterbewusstsein ist in der Lage, sehr viele Dinge und Informationen gleichzeitig zu verarbeiten, ohne dass wir uns dessen bewusst sind. Auch eine innere Freiheit kann uns zu Glücksgefühlen führen, denn dann nämlich sind wir in Einklang mit uns selbst und nicht gezwungen, Dinge zu tun, die wir eigentlich nicht wollen.

Wenn wir Flow-Gefühle entwickeln, also völlig in einer Situation aufgehen und uns selbst vergessen, stellen sich äußerst positive und entspannende Empfindungen ein. Dabei können solche Flow-Gefühle in der Gemeinschaft entstehen, es gibt aber auch viele Situationen, die wir selbst herbeiführen müssen, um diesen Zustand zu erreichen und ganz bei uns zu sein.

Negative Überzeugungen sollten immer und immer wieder infrage gestellt werden, um sie möglicherweise in eine positive Bahn zu lenken. Es ist nicht selten, dass neue Sichtweisen und Errungenschaften anfangs zunächst völlig angezweifelt wurden. Nur ein ausgeprägtes Beharrungsvermögen hat dann dazu geführt, dass sich diese Überzeugungen dennoch durchsetzen konnten. Zu hinterfragen ist auch, ob und inwieweit persönliche Überzeugungen das eigene Verhalten behindern oder fördern, ob andere Menschen die eigene Entwicklung unterstützen oder eher durch ihren eigenen Narzissmus blockieren. Es kann nicht oft genug wiederholt werden: Es gilt, sich immer wieder klarzumachen, dass eine positive Einstellung zum eigenen Leben glücklich macht und neue Möglichkeiten eröffnet. Negative Einstellungen behindern und bremsen aus. In allen Situationen und Dingen lassen sich neue Chancen sehen, die uns damit positiv beeinflussen. Unangenehme Ereignisse sollten wir als einmalige Vorfälle interpretieren, um mit ihnen besser umzugehen und sie damit auch in der Folge besser zu verarbeiten.

Wir müssen trainieren, negative Vorstellungen viel häufiger abzulegen und stattdessen nach positiven Alternativen Ausschau zu halten. Es hilft auch immer wieder, unsere Komfortzone zu verlassen und neue, begrenzte Risiken einzugehen. Dann ergibt sich von selbst die Chance, neue Erfahrungen zu sammeln und unser Leben zu bereichern. Ebenso ist das Scheitern positiv zu interpretieren und es anzunehmen – ein wichtiger erster Schritt zu Erfolg und positiven Erfahrungen. Ein gutes Beispiel für diese Einstellung ist Tiger Woods, einer der besten Golfspieler, der zwar mehr Spiele verliert als er gewinnt und dennoch sehr erfolgreich ist.

Literatur

Zitierte Literatur

Aristoteles. 2019. *Philosophische Schriften in sechs Bänden*, Hrsg. v. Günter Bien, Wolfgang Detel, Claus Corcilius, Hermann Bonitz, und Eugen Rolfes. Hamburg: Felix Meiner.
Einstein, Albert. 1997. *Einstein sagt: Zitate, Einfälle, Gedanken. Teilübersetzung aus dem Amerikanischen und Betreuung der deutschen Ausgabe: Anita Ehlers.* Bern: Piper.
Mandela, Nelson. 2010. *Bekenntnisse*. München: Piper.
Proust, Marcel. 2016. *Briefe 1879–1922*, Hrsg. v. Jürgen Ritte, übers. v. Jürgen Ritte, Achim Risser, und Bernd Schwibs. Berlin: Suhrkamp.
Seneca. 1960. *Moralische Briefe*. Ausgewählt und übers. v. Hermann Martin Endres. München: Goldmann.
Seneca. 2009. *Vom glücklichen Leben*. Übers. v. Otto Apelt. Wiesbaden: Marix.

Twain, Mark. 2014. *Ich bin der eselhafteste Mensch, den ich je gekannt habe. Neue Geheimnisse meiner Autobiographie.* Übers. v. Hans-Christian Oeser. Berlin: Aufbau.

Weiterführende Literatur

Buchheim, Thomas, et al., Hrsg. 2003. *Kann man heute noch etwas anfangen mit Aristoteles?* Hamburg: Felix Meiner.
Easterlin, Richard A. 1974. Does economic growth improve the human lot? In *Nations and households in economic growth: Essays in honor of Moses Abramovitz*, Hrsg. Paul A. David und Melvin W. Reder, 89–125. New York: Academic Press.

3

Interessante Aspekte des Glücks

Unsere Welt wird zunehmend lauter und hektischer. Der Introvertiertheit kann in einer turbulenten Umgebung daher eine immer größere Bedeutung zukommen. Zwar ist die Auffassung weit verbreitet, dass Glück und Kontaktfreudigkeit miteinander einhergehen – forsche Menschen erscheinen auf den ersten Blick zufriedener, gewandter und selbstbewusster. Im Gegensatz dazu ist aber zu bemerken, dass gerade introvertierte Menschen über ein sehr reiches Innenleben verfügen. Sie verbinden nicht selten Sorgfalt, Sinnlichkeit und Konzentrationsfähigkeit in sehr stark ausgeprägter Weise miteinander.

Im Gehirn vieler introvertierter Menschen hat man immer wieder eine höhere elektrische Aktivität festgestellt. Zurückgezogene Menschen wollen sich gerade gegen akute Reizüberflutung abschirmen, um die Dinge aus ihrer Sicht besser zu durchdenken. In Gruppen spielen sich regelmäßig einige wenige in den Vordergrund, die tonangebend sind. Sehr viele gute Ideen kommen aber gerade von introvertierten Menschen. Diese Ideen kann man umso besser nutzen, wenn man beispielsweise in einer Gruppe die versammelten Teilnehmer bittet, ihre Ideen auf Kärtchen schriftlich festzuhalten und sie anschließend zu analysieren.

Zu einem guten Leben gehören auch schlechte Gefühle. Glück wird immer nur eine Zeit lang als angenehm empfunden. Wer das Wesentliche am Leben erkennen will, muss zwangsläufig auch negative Gefühle wie Angst, Wut und Trauer nicht nur durchleben, sondern vor allem zulassen. Solche Gefühle schützen uns vor Gefahren und vertiefen unsere Sicht auf das Leben. Das Wesentliche lässt sich erkennen, wenn positive *und* negative Emotionen gleichermaßen Raum in unserem Leben haben. Deshalb ist es gut und ratsam, eine Balance zwischen Glücks- und Unglücksgefühlen anzustreben und zu bewältigen.

Erfahrungen sollten sich aus möglichst unterschiedlichen Situationen speisen. Unsere gefühlsmäßigen Reaktionen sind nicht immer vorhersehbar. Zwar überraschen sie uns zuweilen, aber sie erweitern auch unser Bewusstsein. Der Mensch, Mängelwesen, das er nun mal ist, wird immer wieder auch mit Gegebenheiten konfrontiert, die nicht zu seiner völligen Zufriedenheit verlaufen. Gerade Mängel aber verhelfen zu tieferen Einsichten und Erkenntnissen, da wir in solchen Momenten die Welt und unsere eigene Situation realistischer und auch klarer wahrnehmen.

Gleichwohl haben wir auch selbst Einfluss darauf, positive Gefühle möglichst oft zuzulassen. Jedes Mal, wenn wir unser Leben selbst in die Hand nehmen, aktiv an Situation herangehen, stellt sich ein Zufriedenheitsgefühl ein. Und immer dann, wenn ein Kompromiss gelingt zwischen den eigenen Wünschen und dem tatsächlich Möglichen, werden solche Situationen als überaus angenehm empfunden. Wer sich immerzu nur darauf kapriziert, möglichst viele glückliche Momente zu durchleben, der wird unweigerlich einen wichtigen Teil des Lebens verpassen.

Auch im sozialen Engagement erfahren wir mehr persönliche Zufriedenheit und Zuspruch von anderen Menschen. Dadurch fühlen wir uns unweigerlich zufriedener, da der Mensch von Natur aus ein soziales Wesen ist und Glück daraus bezieht, anderen helfen zu können. Generell lässt sich sagen, dass Menschen, die optimistisch durchs Leben gehen, automatisch auch häufiger in angenehmere Situationen geraten. Jedes Mal dann, wenn Menschen einen Sinn in ihrem eigenen Leben sehen, steigert dies unweigerlich ihre Zufriedenheit – auch dies ist eine gute Voraussetzung, um negative Seiten und problematische Situationen besser zu meistern. So wird dementsprechend das Leben in einer funktionierenden Partnerschaft beispielsweise in der Regel als dem Glücksgefühl förderlich erachtet, da seelische Nähe befriedigend ist und einen engen Austausch ermöglicht.

Bei alledem sollte man aber nie stets nur auf *das* Glück im Sinne eines möglichst lang anhaltenden Zustands aus sein, sondern sich auch kurze Glücksmomente gönnen. Denn ein Dauerzustand von Glück verändert automatisch unsere Wahrnehmung. Wir fassen das Positive zunehmend als Gewohnheit auf und die große Befriedigung, die das Glück verschafft, wird immer weniger wahrnehmbar.

Glück und Freude werden in der Philosophie zuweilen sehr kritisch diskutiert. Das Glück wird für ein sittliches Leben häufig nicht als entscheidend betrachtet und auch in Bequemlichkeit und Zufriedenheit erkennt die Philosophie kein erstrebenswertes Ziel. Im Gegenteil: Das Glück wird sehr kritisch gesehen, manchmal sogar verachtet. Manche Philosophen sprechen gar von einer Glücksfeindschaft. Ihnen zufolge steht das Streben nach Glück dem Erreichen wichtigerer und höherer Ziele im Leben regelrecht im Wege. Denn Freude und Glück dürfen nie dazu führen, sich von den grundlegenden, entscheidenden Erkenntnisfragen ablenken zu lassen, sondern sich eben gerade diesen Fragen zu stellen.

Das Glück, das der Einzelne anstrebt, wird in der Philosophie nicht selten gering geschätzt, verläuft doch das persönliche Glücksstreben solchen Auffassungen zufolge eben nicht parallel zum Fortschritt der Menschheit. Auch Glück und Freiheit werden unter philosophischen Gesichtspunkten immer wieder einander gegenübergestellt. Und, so die Schlussfolgerung, müsse eine größere Freiheit nicht zwangsläufig immer auch zu Glück führen.

Fälschlicherweise wird das Glück manchmal zu eng mit der Bedürfnisbefriedigung verknüpft. Dann werden Selbsterhaltung und Selbstbestimmung als wichtige Voraussetzungen des Glücks angesehen. Doch Glück muss auch unabhängig sein von Bedürfnisbefriedigung und Selbsterhaltung. Könnte es nicht sein, dass das Glücksstreben den Menschen sogar vom wirklichen Leben und seinem Sinn ablenkt? Ist nicht Erkenntnisgewinn wichtiger als Glücksstreben? Karl Kraus hat einmal gesagt:

Das Leben ist eine Anstrengung, die einer besseren Sache würdig wäre.

Und auch das Zitat von Max Horkheimer lässt aufhorchen und in eine ähnliche Richtung denken:

Wer glücklich ist, bedarf nicht der Bosheit.

* * *

In unserem Körper beeinflusst eine Vielzahl von Hormonen als Botenstoffe unser Wohlbefinden. So können Endorphine durchaus als natürliche Schmerzstiller wirken. Wenn sich ein Mensch zum Beispiel verletzt hat, schüttet der Körper umgehend Schmerzmittel aus. Adrenalin hingegen bewirkt, dass wir Kraftreserven in uns freisetzen. Es beeinflusst Rezeptoren in unserem Körper, die aktivierend wirken. Hier lässt sich geradezu von einem Glückscocktail sprechen, der unser Körpergefühl erheblich beeinflusst. Serotonin, Dopamin und Noradrenalin sind für die Übertragung der Erregung von einer Nervenzelle zur anderen verantwortlich. Gerade das Serotonin wird immer wieder auch als Glückshormon bezeichnet, da es sich auf unser Körpergefühl positiv auswirkt.

Die Sexualhormone Östrogen und Testosteron beeinflussen unser Lustempfinden. Dabei kann sich der Testosteronspiegel sogar allein schon dadurch erhöhen, dass wir mit einer spannenden Situationen konfrontiert werden und diese beobachten. Insulin ist ein körpereigenes Speichermedium, das uns ermöglicht, Energie im Körper zu horten. Es gibt also eine Vielzahl von Hormonen, die sich stark auf unsere Gefühle und unser Empfinden auswirken. Allerdings können wir Hormonausschüttungen nur zum Teil beeinflussen, sie lassen sich aber durch bestimmte Erlebnisse und Stimulierung entweder anregen oder behindern.

Glück und Zufriedenheit sind Zustände, die unser Gehirn erzeugt. Dabei gibt es zwei Belohnungssysteme, ein langsames und ein schnelles. Das schnelle Belohnungssystem stimuliert uns zu unmittelbaren Handlungen, das langsame Belohnungssystem hingegen ermöglicht uns langfristige Zufriedenheit. Unsere derzeitige Gesellschaft ist ausgerichtet auf ein kurzes Belohnungssystem. Ständig werden neue Stimulanzien gesucht, die Befriedigung verschaffen. Allerdings: Die Belohnung ist hierbei nur kurz und geht rasch vorüber. Deswegen begeben wir uns unentwegt immer wieder auf die Suche nach neuen Möglichkeiten, die uns zufriedenstellen, was ständig neuen Stress erzeugt und damit die Hektik erhöht.

75 Prozent aller Arztbesuche hängen damit zusammen, dass die Menschen die Ursache für ihre Befindlichkeit im Stress sehen. Dabei lässt sich das Wohlbefinden erheblich steigern, wenn wir positive Beziehungen eingehen, ein aktives, zugleich aber stressfreies Leben führen und das Gefühl haben, in der Lage zu sein, die eigene innere Ausgewogenheit herzustellen. Daher sind bewusste Ruhephasen von größter Bedeutung, um einen solchen Ausgleich herzustellen. Wichtig dabei ist auch ein liebevolles und harmonisches Miteinander als Voraussetzung für einen guten Stresshaushalt. Die virtuellen Welten konfrontieren uns stets und ständig mit hohen Lebensansprüchen, denen jedoch nur wenige nachkommen können. Von daher ist es wesentlich, in realen sozialen Kontakten der Wirklichkeit näherzukommen und sie zu erspüren.

Wir können davon ausgehen, dass unser Gehirn ein Leben lang anpassungsfähig bleibt und offen ist für neue Erfahrungen. Von daher sollten Aktivitäten in jeder Beziehung im Vordergrund stehen. In jedem Alter können und sollten wir uns neue Bereiche eröffnen, um so offen zu sein für andere Sichtweisen und Eindrücke.

✢ ✢ ✢

Auch sportliche Aktivitäten können den Glückszustand befördern, wobei hierzu durchaus auch das Tanzen und allgemeine Betätigungen gehören. Generell alle Freizeitaktivitäten können eine allgemein positive Gestimmtheit hervorrufen, zumal wenn sie verbunden sind mit Naturerlebnissen. Aber auch ehrenamtliche Tätigkeiten führen zu einer hohen Zufriedenheit, da sie verbunden sind mit dem Einsatz für andere. Die ethischen Anforderungen vermitteln nicht nur eine Befriedigung, sondern sie bringen zugleich viele positive Rückmeldungen mit sich.

Wenn auch das Fernsehen nach dem Schlafen und Arbeiten die dritthäufigste Tätigkeit ist, trägt diese allerdings nicht sonderlich zur Lebenszufriedenheit bei, da hier ein passiver Zustand eingenommen wird. Menschen mit einem sehr hohen Fernsehkonsum engagieren sich auch deutlich weniger in ehrenamtlichen Tätigkeiten, sie haben überdies sehr hohe materielle Ansprüche und verfügen über weniger Sozialkontakte.

Zudem begünstigt das Fernsehen sehr viele Aufwärtsvergleiche, da wir häufig mit schönen und begüterten Menschen konfrontiert werden. Soziale Tätigkeiten stärken immer auch eine soziale Integration, da einem ehrenamtlich Tätigen zugleich immer viel Dankbarkeit zuteilwird, wodurch das Leben zufriedener und glücklicher empfunden wird. Ebenso beziehen die meisten Menschen eine große Zufriedenheit aus der Betreuung von Familienangehörigen, seien es Kinder oder Enkelkinder. Auch bei Menschen mit einer Beeinträchtigung hat man festgestellt, dass sie zufriedener werden, wenn sie sich wiederum für andere einsetzen können. Die Zuwendung zu anderen führt weg vom eigenen Ego und wirkt überdies auch unterstützend bei der Vermeidung oder dem Abbau von Depressionen. Die Ablenkung von der eigenen Person löst durchaus häufiger positive Gefühle aus.

Auch zwischen der Arbeitszufriedenheit und dem Lebensglück bestehen ausgeprägte Korrelationen. Gehen wir einer zufriedenstellenden Arbeit nach, hat dies einen starken Einfluss auf unser Lebensglück, besonders dann, wenn wir unsere Talente und Fähigkeiten in die Arbeit einbringen können. So ist es nicht verwunderlich, dass auch bei Selbstständigen und Freiberuflern eine hohe Zufriedenheit festzustellen ist, können sie doch ihre Arbeit selbst einteilen und selbst bestimmen. Selbstbestimmtheit und Freiheit sind wesentliche Faktoren für die Lebenszufriedenheit.

Ebenso ist das Arbeitsklima von enormer Bedeutung. Wir alle arbeiten am liebsten mit netten und sympathischen Kollegen zusammen, das motiviert uns nicht zuletzt auch bei der Arbeit. Positive Arbeitsbeziehungen befeuern zudem die eigene Kreativität und das Handlungsrepertoire. Für die Arbeitsumgebung spielt also der positive Kontakt mit anderen Personen eine große Rolle, zugleich müssen wir aber auch das Gefühl haben, dass die Ziele, mit denen wir uns beschäftigen, erreichbar sind und dass unsere Arbeit wertvoll und abwechslungsreich ist. Wenn uns dann noch Verantwortung übertragen wird, ist dies für uns von besonderer Bedeutung für die Arbeitszufriedenheit, denn wenn wir in einer Tätigkeit engagiert und verantwortungsvoll aufgehen, stellen sich immer wieder Flow-Gefühle ein, die uns wesentlich ausgeglichener machen.

Stets aber muss die Balance zwischen Wollen und Können gewahrt bleiben. Denn nur mit erreichbaren Zielen stellt sich auch eine Zufriedenheit ein. Ein positives Flow-Gefühl erreichen wir also immer dann, wenn eine bestimmte Ausgeglichenheit zwischen unseren Fähigkeiten und den Anforderungen gegeben ist. Sowohl Über- wie auch Unterforderung sind unserem Wohlgefühl also nicht zuträglich. In der Schule wird manchmal leider die ursprüngliche Lernmotivation der Kinder durch äußeren Druck vermindert, was sich allerdings nicht immer vermeiden lässt, weil die Gruppengröße einen erheblichen Einfluss auf die Lernumgebung hat.

Arbeitslosigkeit hat verständlicherweise einen sehr hohen (negativen) Einfluss auf das Glücksempfinden. Es gehen nicht nur wichtige soziale Kontakte verloren, sondern auch die Anerkennung und die daraus resultierenden Befriedigungsmöglichkeiten durch Tätigkeiten entfallen. So wurde immer wieder festgestellt, dass depressive Verstimmungen bei Arbeitslosigkeit ansteigen. Zugleich haben Studien ergeben, dass ein ehrenamtliches Engagement einen gewissen Ausgleich zum Verlust des Arbeitsplatzes bewirken kann. Vor allen Dingen wird die soziale Stigmatisierung von Arbeitslosigkeit dadurch gemindert, da man bei einer ehrenamtlichen Tätigkeit einen für die Gesellschaft sehr wertvollen Beitrag leistet.

Studien weisen nach, dass Leben und Arbeiten eine zentrale Rolle bei der Glücksbefriedigung spielen. So lassen auch die vielen Möglichkeiten der Befriedigung Zweifel an der Sichtweise mancher Philosophen und Wissenschaftler aufkommen, dass das Glück im Plan der Schöpfung nicht vorgesehen sei.

Für unser Glücksempfinden spielt der soziale Nahbereich eine entscheidende Rolle, denn Menschen, mit denen wir unmittelbar zu tun haben, können uns positiv oder negativ stimmen. Erleichtert wird das Glücksempfinden auch durch Extraversion, da uns diese Verhaltensweisen mehr Möglichkeiten für Glücksgefühle verschaffen.

Glückliche Menschen beteuern unablässig, wie wenig es bedürfe, diesen Zustand herbeizuführen. Einschränkend sei jedoch, wie an anderer Stelle bereits erwähnt, auf die Zwillingsforschung hingewiesen, die ergab, dass immerhin in 50 Prozent der Fälle die Marge des Glücksempfindens von einem Zwilling auch für den anderen vorhersagbar ist, eine gewisse genetische Fundierung also gegeben ist. Dennoch stellt die genetische Begründung nur einen Teil des gesamten Bildes dar. Denn es sind eben auch unsere Überzeugungen, unsere Blickwinkel und Sichtweisen sowie unser Verhalten, die den Faktor Glück für uns entscheidend beeinflussen. Und natürlich nicht zuletzt auch unsere Persönlichkeitsmerkmale.

Zu den „Big Five" im Zusammenhang mit einem glücklichen Leben gehören Verträglichkeit, Extraversion, Gewissenhaftigkeit, Neurotizismus und Offenheit für neue Erfahrungen. Extraversion hat die häufigere Interaktion mit anderen Menschen zur Folge, aus der wir größere Befriedigungsmöglichkeiten beziehen können. Neurotische Charakterzüge und Überempfindlichkeiten wiederum haben einen negativen Einfluss auf das Glücksempfinden. Menschen, die sich durch Freundlichkeit, Zugewandtheit, Interesse für und am anderen auszeichnen, gelingt es selbstredend ungleich viel leichter, neue Kontakte zu knüpfen und interessante Beziehungen einzugehen. Ebenso gelingt es den mit ihrem Leben Zufriedenen rascher, dies zu kommunizieren – ein weiterer Multiplikator für die soziale Interaktion, die ein jeder Mensch dringend benötigt, was nicht zuletzt die Corona-Pandemie schlaglichtartig beleuchtet. Neben all den anderen Problematiken werden auch die Stimmen der Psychologen in dieser Krise immer lauter, die darauf hinweisen, welch eine verheerende Wirkung der Mangel an zwischenmenschlicher Kommunikation bis hin zur Isolation auf die Psyche hat. Extraversion erhöht somit die Möglichkeit, glücklich zu sein, während Neurotizismus diese umgekehrt geradezu konterkariert – was allerdings nicht impliziert, dass Introvertiertheit per se mit Unglücklichsein korrelieren muss. Denn wenn dieser Rückzug ins Innere selbst gewählt ist, kann er ungeahnte Bereicherungsmöglichkeiten für den Menschen bereitstellen.

Schließlich soll an dieser Stelle auch noch einmal die emotionale Intelligenz erwähnt werden, auch wenn dies an anderer Stelle bereits gesagt wurde. Denn ihr kommt eben eine überaus wichtige Rolle beim Glücksempfinden zu und kann daher nicht oft genug erwähnt werden. Die Fähigkeit, die Gefühle anderer zu erkennen, auf sie einzugehen und als Antwort darauf die eigenen Gefühle angemessen auszudrücken, das ist immer wieder eine nicht zu unterschätzende Quelle für Glück. Zudem erfordert dies ebenso ein authentisches, positives Verhalten, die eigene emotionale Stabilität ermöglicht es anderen Menschen, mit ihren Gefühlen besser umzugehen. Eine hohe emotionale Intelligenz erzeugt somit Glücksgefühle auf beiden Seiten, also nicht nur beim „Gebenden", sondern auch beim „Empfangenden".

* * *

Ist es den Menschen in der modernen Gesellschaft überhaupt möglich, Glücksgefühle zu entwickeln? Lassen sich für den Einzelnen die rasend schnellen Verkehrs- und Informationsströme überhaupt noch verarbeiten? Ist dabei nicht eine permanente Überforderung vorprogrammiert? Riesige Städte mit Millionen von Einwohnern erfordern ein ganz anderes Zusammenleben, als es in der ursprünglichen Kleingruppe im Laufe der Menschheitsentwicklung gewesen ist. Ein jeder strebt danach, sich besser zu fühlen und mehr Erfüllung im Leben zu finden. Hat sich aber vielleicht die moderne Gesellschaft so rasant verändert, dass der Mensch in seiner Entwicklung dahinter weit zurückliegt?

Dank der Medizin und anderer Gesundheitstechniken ist die Lebensqualität in den letzten Jahrzehnten zweifellos enorm angestiegen, doch moderne Kommunikationstechniken führen bei immer mehr Menschen zu einer Überforderung und zu einer permanenten Anspannung. Die äußere Welt hat sich für die Menschen radikal verändert, während die psychologische Realität noch in einem ganz anderen Stadium verharrt. Die psychologische Ausstattung des Menschen nämlich ist optimal auf ein Zusammenleben in kleinen Gruppen angelegt. Moderne Medien schaffen jedoch ganz andere Möglichkeiten, die die ursprünglichen Fähigkeiten des Menschen teilweise überfordern.

Je größer eine Gruppe ist, in der Menschen zusammenleben, desto größer ist die Gefahr der Anonymisierung. Soziale Bindungen, die eine psychologische Stabilität ermöglichen, gehen verloren. Hinzu kommt eine hohe soziale Mobilität, die diese Tendenz der Anonymität noch verstärkt. Auch die Wertschätzung des Einzelnen wird in großen Gruppen gemindert, ebenso wird die Verknüpfung von Beziehungen in sehr großen Gruppen schwieriger, da theoretisch sehr viele potenzielle Partner zu Verfügung stehen, was die Entscheidungen verkompliziert. Genauso verhält es sich mit der Wahl des Wohnortes oder der Wahl der beruflichen Tätigkeit. Auch die Medien vermitteln permanent Möglichkeiten, die wir nicht wahrnehmen können oder die uns zu stark herausfordern. Dies führt automatisch zu schlechten Gefühlen, da wir uns immer dessen bewusst sind, dass andere offenbar doch deutlich besser sein können als wir selbst. Uns werden Vorbilder angeboten, an die wir nie heranreichen können. So hinterlassen sie uns Gefühle von Unterlegenheit.

Auch der ständige Druck in den Medien, der uns das Glücksritterstreben sozusagen fast vorschreibt, führt zu größerer Unzufriedenheit – ganz abgesehen davon, dass wir die angestrebten Ziele ohnehin kaum je erreichen können. Denn ob man sich glücklich fühlt oder nicht, hängt eben auch sehr stark davon ab, mit wem wir uns vergleichen. Und wenn wir falsche Vorbilder wählen, können wir sehr schnell unser Glück verfehlen. Die modernen Lebensbedingungen und die evolutionäre Ausstattung des Menschen führen also zu einer Diskrepanz, die Unzufriedenheit erzeugen kann.

Mit der Vorfreude ist es eigenartig: Sie macht uns manchmal *noch* glücklicher als der Eintritt des Glückszustandes selbst. Wenn wir eine erfreuliche Situation erwarten, versetzt uns bereits diese Situation in eine freudige Anspannung. Immer in solchen Momenten arbeiten die Nervenzellen in einem bestimmten Bereich unseres Gehirns, dem Nucleus Accumbens, besonders stark.

Bei der Glückssuche unterstellen wir häufig, dass sich Glück nur in einer ferner liegenden Situation erreichen ließe. Doch bereits Johann Wolfgang von Goethe hatte seinerzeit darauf hingewiesen, dass das Glück manchmal sehr nah liegen kann. Mit seinen eigenen Worten:

> Willst du immer weiter schweifen
>   Sieh, das Gute liegt so nah!
>   Lerne nur das Glück ergreifen,
>   denn das Glück ist immer da.

* * *

Die Stimme ist ein wichtiger Ausdruck der Persönlichkeit. Manche Menschen sind uns auf Anhieb sympathisch, weil sie eine angenehme Stimme haben. Natürlich ist bei der Stimme vieles bewusst, anderes aber auch unbewusst oder biologisch bedingt. So sind wir in der Lage, langsamer oder schneller zu sprechen, uns tiefer oder höher auszudrücken. Wir alle kennen Menschen, die in einem aufgeregten Zustand rascher sprechen. Ein bewusstes Langsam-Sprechen kann zum Beispiel nicht nur auf uns selbst beruhigend wirken, sondern auch auf unseren Gesprächspartner.

In Coaching-Situationen ist es das Wichtigste, authentisch zu sein und dies mit unserer Stimme auch auszudrücken. Erst wenn Stimme, Körpersprache und auch Inhalte miteinander übereinstimmen, erscheinen wir glaubwürdig und sind in der Lage, optimal zu kommunizieren. In bestimmten Situationen verändert sich unsere Stimmfrequenz, unser Gesprächspartner nimmt dies unbewusst wahr und reagiert darauf. Genau wie Mikrobewegungen häufig nicht bewusst wahrgenommen werden, aber dennoch Wirkung entfalten, hat auch eine veränderte Stimmfrequenz auf unseren Gesprächspartner Einfluss. Die Stimme kann sehr gut unsere Gefühlszustände wiedergeben und auch unsere Sicherheit oder Unsicherheit widerspiegeln, Überraschung ausdrücken oder aber sehr überzeugend wirken. Coaching-Situationen erweisen stets aufs Neue, dass wir in der Lage sind, mit unserer Stimme unseren Gesprächspartner zu beruhigen und ihn dabei zu unterstützen, belastende Situationen anzusprechen. Auch innere Spannungszustände oder ebenso ein aufgesetztes Selbstbewusstsein werden in der Stimmmodulation deutlich.

Manche Redner wirken sofort sehr authentisch und überzeugend auf uns, obwohl wir die sprachlichen Inhalte noch gar nicht ausführlich erfasst oder gar reflektiert haben. Dennoch unterstellen wir intuitiv, dass er uns sicherlich interessante Inhalte zu sagen hat. Und ebenso, wie uns manchmal bewusst gesetzte Pausen in Gesprächssituationen sehr beeindrucken können, gibt zuweilen auch die Veränderung der Stimmlage Hinweise auf wichtige Inhalte.

Erstaunt sind wir auch immer wieder, wenn die körperliche Erscheinung unseres Gesprächspartners in starkem Kontrast zu seinem stimmlichen Ausdruck steht. Dabei kann uns eine sehr hohe Stimmlage manchmal irritieren, genauso wie eine sehr tiefe Stimmlage beruhigend und entspannend wirken kann. Zur Verunsicherung trägt auch bei, wenn sich der Eindruck einstellt, unser Gesprächspartner kontrolliere seine Stimme sehr bewusst, um uns zu beeinflussen. Dahinter mag eine positive Absicht stehen, möglich ist aber auch der gegenteilige Effekt, nämlich dass der Gesprächspartner nicht authentisch wirkt uns somit auch seine Überzeugungskraft darunter leidet. Ein authentisches und ehrliches Verhalten beeinflusst uns immer am nachdrücklichsten.

Wenn wir Wohlwollen in der Stimme verspüren und Gefühle erkennen, empfinden wir unweigerlich Sympathie. Ebenso kann uns Unsicherheit in einer Stimme irritieren wie uns auch übertriebenes Selbstbewusstsein negativ beeinflusst. Mit Interesse begegnen wir immer wieder dynamischen und originären Persönlichkeiten, die sich mit einer lebhaften Stimme ausdrücken. Eine langweilige, monotone Stimme hingegen produziert auch in uns Langeweile, wie uns ebenso eine vitale Stimme unweigerlich aufleben lässt und noch lebendiger macht.

Wir haben alle eine sehr individuelle, einzigartige Stimme, die sogar zur Authentifizierung eingesetzt werden kann. Kein Stimmtraining der Welt kann die Ausdrucksstärke der eigenen Stimme ausbilden, aber bereits mit leichten Veränderungen lässt sich die eigene Stimme durchaus modifizieren. Die Stimme sollte immer zum Inhalt einer Aussage passen.

An einer Stimme lässt sich auch sehr gut erkennen, ob jemand die Wahrheit sagt. Sobald beispielsweise jemand in einer bestimmten Situation plötzlich weniger redet oder sich oft wiederholt, ferner Pronomen/Personalpronomen meidet, um sich nicht festzulegen, und weniger Handbewegungen zur Unterstreichung seiner Aussage macht sowie eine distanzierte Wortwahl nutzt, sollten wir genauer hinhören und hinschauen, ob wir Diskrepanzen in der Körpersprache und der Stimme entdecken.

Die Stimme ist ein wichtiger Teil unserer Persönlichkeit. Unsere Kommunikation kann damit authentischer und überzeugender wirken. Jede Stimme hat ein bestimmtes Stimmmuster, dessen Verlauf identifizierbar ist. Wissenschaftler an der Universität Michigan haben inzwischen sogar eine App entwickelt, mittels derer sich die persönliche Stimme selbst am Smartphone analysieren lässt. Hierzu lagen von den Professoren Emily Mauer und Professor Satinder Baveja bereits 2014 erste Untersuchungen vor. Dabei wurden Stimmungsschwankungen mit Frequenzschwankungen der Sprache zueinander in Beziehung gesetzt, wobei es sich allerdings um Untersuchungen handelt, die noch weiter verifiziert werden müssten. Verschiedene Gemütszustände werden durch die Analyse von Stimmcharakteristika besser wahrnehmbar. Die Untersuchungen belegen eine sehr enge Verknüpfung von Stimme und Gefühlszuständen.

* * *

Glück lässt sich auch als sehr subjektives Gefühl auffassen, das jeder Mensch anders definiert. Man kann Glück auf dreierlei Arten definieren: (1) das sehr kurzfristige Glück, das durch eine angenehme Situation ausgelöst wird, (2) das umfassende, philosophisch orientierte Glück, das sich zum Beispiel auf das gesamte Leben bezieht, und (3) das Glück, das dazwischenliegt und sich auf Befragungen stützt, wie zufrieden Menschen mit ihrem Leben sind.

Junge Leute bis 22 Jahre schätzen sich dabei als recht zufrieden und glücklich ein. Danach steigen die Lebensanforderungen, mit dem Aufbau der eigenen beruflichen Möglichkeiten entstehen Stress und Anstrengung. Erst ab ca. fünfzig Jahren nimmt das Glücksempfinden wieder spürbar zu und die Menschen genießen ihr Leben deutlich intensiver. Auch der Zusammenhang zwischen Geld und Glück ist nicht linear, vielmehr nimmt der Grenznutzen des steigenden Einkommens beständig ab. Das Easterlin-Paradox besagt, dass ein höheres Einkommen ab einer bestimmten Grenze nicht mehr zu einem erhöhten Glücksgefühl führt. Easterlin sieht die Grenze hier bei circa 70.000 US-Dollar. Bei einem dieses Einkommen übersteigenden Einkommen nimmt das Glücksgefühl nicht weiter zu (Easterlin 1974).

Allerdings gibt es mittlerweile auch Studien, die dies widerlegen. Denn die relative Einkommensposition ist wichtiger als die absolute. Da sich Menschen häufig miteinander vergleichen, bezieht sich ihre Einschätzung immer auf ihre unmittelbare Umgebung. Sofern sie mit Menschen zu tun haben, die wesentlich mehr verdienen als sie selbst, kann sich selbst bei relativ hohem Einkommen Unzufriedenheit einstellen.

In vielen Untersuchungen zeigte sich auch immer wieder, dass Arbeitslosigkeit das Glücksgefühl am stärksten negativ beeinflusst. Generell kann man sagen, dass glückliche Menschen sozialer und produktiver sind und auch in ihrem beruflichen Leben erfolgreicher. Erstaunlicherweise sind glückliche Menschen auch weniger von ansteckenden Krankheiten betroffen. Zudem sind persönliche Beziehungen, Familie und

Freundschaften für das persönliche Glücksgefühl extrem wichtig. Fremdbestimmung und Fernlenkung führen hingegen dazu, dass Lebenssituation als unzufrieden erfahren wird.

Untersuchungen ergeben, dass die Lebenszufriedenheit in verschiedenen Ländern in Europa sehr unterschiedlich ist. Am glücklichsten sind danach die Dänen, Niederländer, Schweden und Luxemburger. Die Lebenszufriedenheit der Spanier, Türken und Portugiesen ist in den letzten Jahren hingegen stark zurückgegangen. Dies hängt sicherlich auch mit der Zukunftsangst zusammen.

Ganz oben für das Zufriedenheitsgefühl rangiert die Arbeitssituation. Insofern kann man davon ausgehen, dass gerade die Arbeitslosigkeit in den betroffenen Ländern besonders zur Unzufriedenheit beiträgt. Ebenso verringert sich das Zufriedenheitsgefühl, wenn die Ungleichheiten zwischen den Menschen zunehmen. Solange man unterstellt, dass es anderen auch schlecht oder zumindest nicht besonders gut geht, wird die eigene schlechte Lage nicht ganz so negativ bewertet.

Literatur

Zitierte Literatur

Easterlin, Richard A. 1974. Does economic growth improve the human lot? In *Nations and households in economic growth: Essays in honor of Moses Abramovitz*, Hrsg. Paul A. David und Melvin W. Reder, 89–125. New York: Academic Press.

Eckermann, Johann Peter. 2011. *Gespräche mit Goethe*. Hrsg. v. Christoph Michel unter Mitwirkung von Hans Grüters. Frankfurt/Main: Ideenbrücke.

von Goethe, Johann Wolfgang. 2018. *Italienische Reise*. Frankfurt/Main: Europäischer Literaturverlag.

Horkheimer, Max. 1988. *Die gesellschaftliche Funktion der Philosophie. Ausgewählte Essays*. Frankfurt/Main: Suhrkamp.

Kraus, Karl. 1986. *Aphorismen. Sprüche und Widersprüche. Pro domo et mundo. Nachts*. Frankfurt/Main: Wagenknecht.

4

Glück im digitalen Zeitalter

Mit der Digitalisierung haben auch Transparenz und Komplexität zugenommen. Der Mensch wird immer eigenständiger, mobiler und anspruchsvoller, wodurch sich der Markt von der Angebots- hin zur Nachfrageseite verschoben hat. Die neuen mobilen Endgeräte haben eine enorme Bedeutung erlangt, der Einsatz von Smartphones und Tablets führt zu ständigen und großen Veränderungen. Der Online-Vermarktung kommt eine immer wesentlichere Rolle zu. Damit einher geht das Bedürfnis nach Glaubwürdigkeit und Nachvollziehbarkeit. Aber auch die Rubrikenportale werden zunehmend wichtiger, die Mediennutzung unterliegt einem permanenten Wandel. Auch im Online-Geschäft ist die Kundenbindung stetig gewachsen, was technologiebasierte Suchmaschinen nur zum Teil ausgleichen können.

Im Laufe eines Tages lassen sich sehr unterschiedliche Nutzerzahlen nachweisen. Klassische Medien werden in den Morgenstunden bevorzugt, Höhepunkte beim Zugriff im Online-Bereich lassen sich um die Mittagszeit und gegen 20 Uhr feststellen. Mit Smartphones und Tablets werden sich die Reichweiten immer weiter enorm vergrößern. In gleichem Maße nimmt die Interaktion mit dem Kunden zu, der zunehmend mehr Macht gewinnt, da er mehr Einflussmöglichkeiten hat. Zugleich erfolgt Marktforschung in Echtzeit, da die Kundenreaktionen ständig unmittelbar registriert werden und im Netz wahrnehmbar sind. Je größer die Informationsflut, desto wichtiger werden Orientierungshilfen bei der Auswahl und Gewichtung, dem Hauptproblem im digitalen Zeitalter. Hier können die Anbieter von Informationen unterstützend einwirken, wichtig sind dabei jedoch ein hohes Maß an Glaubwürdigkeit und Objektivität.

Gleichzeitig gewinnen Suchmaschinen, Links und Social Media zunehmend an Bedeutung. Aber auch der direkte Kundenkontakt wird in einer digitalen Welt immer wichtiger, da die persönliche Begegnung Vertrauen und Authentizität enorm steigern können. Dies wird von so manchen Portalen nicht selten unterschätzt und ist durchaus noch ausbaufähig. Auch im digitalen Zeitalter spielen Kundenbindung und Orientierung eine sehr große Rolle. Auswahlorientierung und exklusive Informationen erleichtern auf zeitsparende Weise den Zugang zu authentischen, glaubwürdigen und nützlichen Informationen. Ein exakt auf die Zielgruppe abgestimmter Kontakt mit den Nutzern ist auch beim Online Marketing durch nichts zu ersetzen.

Hauptfaktoren, die zu neuen Seh- und Betrachtungsweisen beitragen, sind eine veränderte Demografie sowie Urbanisierung und Globalisierung. Gerade bei der Urbanisierung zeigt sich, dass auch im digitalen Zeitalter eine Konzentration zu bemerken ist auf die direkten Kontaktmöglichkeiten, die Menschen miteinander haben. Obwohl zahlreiche Informations- und Kommunikationstechnologien zur Verfügung stehen, streben Menschen die Urbanisierung an, um die persönlichen Interaktionsmöglichkeiten auszuweiten.

Moderne Informations- und Kommunikationstechnologien haben zweifelsohne zu einer effizienteren Kommunikation der Menschen untereinander geführt. Kommunikation wird individueller, vielgestaltiger, zugleich aber auch komplexer. Doch kann die elektronische Kommunikation den persönlichen Kontakt nie ersetzen. Vielmehr kann sie nur vorbereitend neue Möglichkeiten eröffnen.

Veränderungen vollziehen sich in rasender Geschwindigkeit, Prozesse verlaufen schneller, agiler und aggressiver. Der stetig wachsende Informationsfluss erfordert immer schnellere Entscheidungen, Situationen werden zunehmend unüberschaubarer. Hinzu kommen die zunehmende

Transparenz und die kritische Öffentlichkeit. In Netzwerken ist ein enormer Kommunikationsanstieg zu verzeichnen, auch die gegenseitige Kontrolle nimmt zu. Informationsdefizite werden immer häufiger, der richtige Umgang damit wird zum zentralen Faktor. Eine gewisse Risikobereitschaft ist unvermeidbar, die Experimentierfreude wächst und Fehler müssen immer stärker hingenommen werden. Eigenen Entwicklungsmöglichkeiten, Selbstverwirklichung und die Work-Life-Balance nehmen einen zunehmend höheren Stellenwert ein.

Allerdings: Glückliches Leben kann auch sehr schnell durch die Erfüllung von Wünschen zerstört werden. Ein verbreiteter Aphorismus in der angelsächsischen Welt lautet: „Be careful what you wish for it might come true."

* * *

Kann der Mensch in der modernen Gesellschaft überhaupt noch Glücksgefühle entwickeln angesichts der permanenten Beschleunigung von Verkehrs- und Informationsströmen und der damit einhergehenden Überforderung? Die ursprünglich auf Kleingruppen angelegten sozialen Verbände sind im Laufe der Zeit immer größeren Ballungsräumen gewichen – mit ihren spezifisch neuen Erfordernissen. Bleibt der Einzelne in seinem Glücksstreben dabei nicht auf der Strecke?

Einerseits stellen uns Medizin, Nachbardisziplinen und Forschung immer mehr Möglichkeiten bereit, unser individuelles Lebensgefühl zu steigern bei zunehmend besserer gesundheitlicher Versorgung. Auf der anderen Seite führen moderne Kommunikationstechniken bei immer mehr Menschen zu einer Überforderung und zu einer permanenten Anspannung. Die äußere Welt hat sich für den Menschen radikal verändert, die psychologische Realität aber ist in einem ganz anderen Stadium stehengeblieben. Von der psychologischen Ausstattung her ist der Mensch optimal für ein Zusammenleben in kleinen Gruppen geeignet. Moderne Technologien stellen uns inzwischen, wenn auch virtuell, ganz andere Möglichkeiten zur Verfügung, die unsere ursprünglichen Fähigkeiten teilweise ausreizen, wenn nicht sogar überfordern. Die Zugehörigkeit zu einer Gruppe hat sich in den vergangenen Jahren erheblich vergrößert. Zugleich gehen reale soziale Bindungen verloren, die eine psychologische

Stabilität ermöglichen. Hinzu kommt eine hohe soziale Mobilität, die die Anonymität noch weiter erhöht.

Auch die Wertschätzung, die der Einzelne erfährt, wird innerhalb großer Gruppen spürbar gemindert, ebenso das Knüpfen enger Beziehungen, da nun auf einmal sehr viele potenzielle Partner zu Verfügung stehen, was Entscheidungen deutlich verkompliziert. Ebenso verhält es sich bei der Wahl des Wohnortes oder der beruflichen Tätigkeit. Auch die Medien offerieren ständig eine Vielzahl von Möglichkeiten, die wir schlichtweg nicht wahrnehmen können und deren Auswahl uns überfordert. In der Folge stellen sich schlechte Gefühle ein, sind wir uns doch immer dessen bewusst, dass andere eben doch noch besser, effizienter, smarter sind als wir selbst. Die Medien liefern permanent Vorbilder, an die wir niemals heranreichen werden. Zurück bleibt, zumindest unterbewusst, ein Gefühl der Unterlegenheit. Die ständigen Suggestionen der Print- und Internetforen, die geradezu ein Glücksritterstreben zur „Pflicht" machen, sind für unsere Ausgeglichenheit und Zufriedenheit auf jeden Fall kontraproduktiv.

Unsere Glücksgefühle hängen also stark davon ab, mit wem wir uns vergleichen. Rücken unsere Vorbilder in zu weite Ferne, werden wir nie glücklich werden, da sie schlichtweg unerreichbar sind. Die modernen Lebensbedingungen und die evolutionäre Ausstattung des Menschen führen zu einer Diskrepanz, die unweigerlich Unzufriedenheit erzeugt.

* * *

Die Datenerfassung wird infolge moderner Technologien zunehmend einfacher. Zugleich wird die Fülle der erfassbaren Daten immer größer. Überdies wächst die Wahrscheinlichkeit, dass der Einzelne mehr Daten preisgibt, als ihm bewusst ist.

Technischer Komfort und die Vorteile der modernen Medien stellen eine enorme Menge neuer Möglichkeiten bereit, das Leben zu erleichtern. So können wir heute ungleich viel schneller Informationen sammeln oder Zusammenhänge herstellen als noch vor zehn, fünfzehn Jahren. Andererseits ist damit die Gefahr des Verlustes von Privatheit verbunden, welche fraglos zu einem zufriedenen Leben dazugehört. Die

Hoheit über die eigenen Daten geht schneller als vermutet verloren, die damit verbundenen Nachteile werden, wenn überhaupt, nur teilweise überschaut.

Für die Wirtschaft ist die massenhafte Datenfülle von großem Vorteil. Sie ermöglicht das gezielte Sammeln von Wissen über Kunden, denen man dann entsprechende Waren und Dienstleistungen anbieten kann. Förderlich kann das Sammeln von Daten auch für die Gesundheitsvorsorge sein oder aber auch zur effizienteren Aufklärung krimineller Taten. Die Gesamtheit aller verfügbaren Daten lässt sich sehr leicht erfassen, ordnen und analysieren. Ebenso führt die umfassende Datenanalyse auch in der Wissenschaft zu bisweilen völlig neuen Ergebnissen. War man bei Entwicklungsprognosen bisher auf einzelne Stichproben angewiesen, steht nun ein umfassender Datenpool für Analysen zur Verfügung.

Zugleich ist jedoch das sorgsame Abwägen aller Chancen und Risiken der Datenanalyse unabdingbar. Auf der einen Seite müssen wir eine neue Wertschöpfung zulassen, andererseits aber auch den Datenschutz als eminent wichtig erkennen. Denn persönliche Zufriedenheit und ein Glücksgefühl hängen sehr stark davon ab, ob wir die Autonomie über unsere Persönlichkeit behalten und einen gewissen Bereich der Privatheit bewahren.

Infolge der Digitalisierung werden weltweit große soziale Veränderungen angestoßen. Mitarbeiter sind gefordert, sich intensiver fortzubilden, um die Möglichkeiten einer veränderten Arbeitswelt zu erkennen und auszuschöpfen. Sehr viele Arbeitsplätze werden sich durch Digitalisierung vollständig verändern, ein Prozess, der bereits begonnen hat. Digital versierte Mitarbeiter haben schon länger einen großen Vorsprung gegenüber ihren Mitbewerbern. Die meisten Geschäftsabläufe funktionieren auf der Basis von Algorithmen; diese müssen erkannt und nachvollzogen werden. Viele Unternehmen haben die riesigen Veränderungen infolge der Digitalisierung inzwischen realisiert und reagieren darauf. Die Arbeitswelt muss durchgängig digital sehr gut aufgestellt und ausgebildet sein. Zukünftige Entwicklungen erfordern ein großes Maß an Wandlungsfähigkeit. Nur so lässt sich den neuen Entwicklungen adäquat begegnen. Wie genau die zukünftigen Anforderungen an neue Arbeitsplätze im Einzelnen aussehen, lässt sich nur in begrenztem Maße prognostizieren. Algorithmen werden aber immer von zentraler Bedeutung sein, insofern ist digitale Bildung ein ganz eminent wichtiger Weiterbildungsfaktor.

In einer digitalen Welt kommt der Anpassungsfähigkeit eine immer größere Bedeutung zu. So müssen sich Unternehmen stets neu erfinden und neue Ziele definieren, um sich den Erfordernissen der Zeit anzupassen. Doch Entwicklungen sind heute zum Teil gar nicht mehr prognostizierbar und also auch nicht planbar. Volatilität, Unsicherheit, Komplexität und Vieldeutigkeit sind wichtige Begriffe, mit denen sich die momentane Situation sehr gut beschreiben lässt. Es gilt, auf Unvorhergesehenes immer schneller zu reagieren und zu antworten.

Der Umgang mit riesigen Datenmengen muss neu eingeschätzt und optimiert werden, ansonsten besteht die Gefahr einer permanenten Überforderung. Unübersichtlichkeit und Schwankungsanfälligkeiten schaffen ein ums andere Mal bisher ungewohnte Herausforderungen. Überregulierung und Fachkräftemangel sind wesentliche Schwächen in der derzeitigen Arbeitswelt, die Anpassung an eine sehr spannungsvolle, dynamische Welt wird zunehmend wichtiger.

Subjektiv erleben wir die Welt als immer komplexer, objektiv lässt sich nur ein Teil der Entwicklungen nachvollziehen. Es werden grundlegende wirtschaftliche Veränderungen erwartet, die im Einzelnen aber nur sehr schwer zu über- und zu durchschauen sind. Die digitale Revolution schafft ein enormes Wachstumspotenzial, das sich nur zum Teil realisieren lässt.

Viele Wissenschaftler gehen davon aus, dass in unserem Jahrhundert die Künstliche Intelligenz den größten Aufschwung bewirken wird. Mit der Künstlichen Intelligenz eröffnen sich große Produktivitätspotenziale. Das Denken kann – das ist durchaus vorstellbar – zu einer Dienstleistung werden. Computer übernehmen, Menschen werden überflüssig. Ein ganzes Spektrum qualifizierter Arbeiten wird durch Maschinen ersetzt werden. Allein bei der Analyse riesiger Datenbestände sind elektronische Rechner dem Menschen haushoch überlegen, da sie viel schneller und zudem exakter zu analysieren in der Lage sind. Immer mehr Maschinen werden Fähigkeiten entwickeln, die bisher nur dem Menschen vorbehalten waren.

Das menschliche Gehirn verfügt über hundert Milliarden Nervenzellen, jede Nervenzelle steht im Schnitt mit bis zu zehntausend anderen

Nervenzellen in Kontakt. Dies lässt die enorme Leistung von Computern erahnen, die in bestimmten Bereichen dem menschlichen Gehirn überlegen sind. Es sieht so aus, als würden wir zukünftig – wahrscheinlich in einer natürlichen Sprache – mit Computern kommunizieren können und nicht wenige Wissenschaftler gehen davon aus, dass in zwanzig Jahren nahezu 50 Prozent aller Arbeitsplätze durch Künstliche Intelligenz verloren gehen. Je besser also die Ausbildung ist, desto wahrscheinlicher ist es, dass menschliche Arbeitsplätze erhalten werden.

* * *

Wir befinden uns mitten in einem grundlegenden technologischen Wandel, die Arbeitswelt verändert sich in ungeahntem Maße und in unabsehbarer Weise. Die Künstliche Intelligenz wird die Arbeitsprozesse fundamental verändern. Kreativität, Intuition und Empathie werden immer stärker gefragt sein, zudem wird eine kontinuierliche Weiterbildung eminent wichtig, um den Anforderungen der Arbeitswelt gewachsen zu sein und mit ihnen Schritt zu halten. Ein beständiges Lernen wird für alle Menschen extrem wichtig, Unternehmen werden zu Orten eines kontinuierlich fortschreitenden Wissenserwerbs, Umdenkens und Neudenkens.

Was bedeutet dies für die persönliche Zufriedenheit? Die Selbstverwirklichung wird für motivierte Menschen in hohem Maße zunehmen. Sie wird Komplexität erfordern ebenso wie systematische Herangehensweisen und ein strukturiertes Erkennen von Prioritäten. Gewohnte Bahnen werden nicht nur verlassen, sie *müssen* sogar verlassen werden. Die Chancen der Entwicklung neuer Arbeitsweisen und neuer Ideen steigen. Zudem spielen gerade im digitalen Zeitalter Softskills eine immer größere Rolle wie auch die grundsätzliche Bereitschaft, sich immer wieder auf Veränderungen einzulassen. Möglicherweise ist auch die mentale Unterstützung der Mitarbeiter von Bedeutung, da nicht nur die Komplexität von Prozessen, sondern auch die damit verbundenen Belastungen und Anforderungen zunehmen. Eine veränderte Arbeitswelt verlangt dem Einzelnen viel Energie ab, eröffnet aber kreativen Naturen zugleich große Chancen und ein hohes Potenzial der Selbstverwirklichung.

In einer innovativen, komplexen Arbeitsumgebung erhöhen sich unweigerlich auch die intellektuellen und psychischen Anforderungen. Daher sind für die abstrakteren Arbeitsprozesse vonseiten der Führungskräfte verstärkt Softskills vonnöten. Es sind deutlich mehr Empathie und ein größeres Verständnis für die psychischen Belastungen der Mitarbeitenden gefordert. Dies gelingt nur durch verstärkte Bemühungen hinsichtlich der sozialen Interaktion seitens der Führungsverantwortlichen. Während ehrgeizige und begabte Menschen durchaus in einem solch anspruchsvollen Arbeitsumfeld mehr Befriedigung aus ihrer Tätigkeit ziehen können, werden sich diejenigen Mitarbeiter, die lediglich mit Routineaufgaben befasst sind, wahrscheinlich eher zurückgesetzt fühlen und unter einer größeren psychischen Belastung stehen.

Digitalisierung und Wertewandel bestimmen die heutige Zeit. Die Arbeitswelt ist immer enger getaktet, wird schneller und unübersichtlicher. Wertschätzung und Anerkennung gewinnen deshalb eine zunehmend größere Bedeutung. Mit den beschleunigten Veränderungen hat sich gleichzeitig auch die Wahrnehmung der Zeit enorm verändert. Produkte werden erheblich schneller hergestellt und verändern sich in kurzer Zeit

Ein Teil der Künstlichen Intelligenz besteht in der Simulation der synaptischen Verknüpfung von Nervenzellen im Gehirn. Die Diskussion über Implikationen neuronaler Netze ist in vollem Gange. Ebenso werden Algorithmen entwickelt, die die menschliche Intelligenz übersteigen. Sich wiederholende Arbeiten und Vorgänge werden zunehmend durch Algorithmen ersetzt. Allerdings werden soziale Kompetenz und emotionale Zuwendung, Softskills also, durch keine Art der Digitalisierung in der Arbeitswelt zu ersetzen sein.

Künstliche Intelligenz wird die Arbeitswelt ungeahnt verändern. Maschinen und Computerprogramme lernen eigenständig Dinge hinzu. Gerade durch diese zunehmende Komplexität können intelligente Systeme die menschliche Intelligenz unterstützen. So wurden große Fortschritte bereits bei der Bild- und Spracherkennung erreicht. Auch die Arbeitsprofile sind erheblichen Veränderungen unterworfen. Empathie und Kreativität werden im modernen Arbeitsumfeld immer wichtiger. Auch die menschlichen Qualitäten und Fähigkeiten sind gefordert und müssen geschult und weiterentwickelt werden, und zwar in dem Maße, wie das exponentielle Wachstum von Daten und Informationen und die Anforderungen in der Arbeitswelt steigen. Wir werden lernen müssen, mit Komplexität und Zeitdruck besser und angemessener umzugehen. Ein Augenmerk richtet sich daher verstärkt auf die zwischenmenschlichen Fähigkeiten und Kommunikationskompetenzen, da das Bewusstsein enorm durch den Stress in der Arbeitswelt beansprucht wird. Auch muss jeder Einzelne in der Arbeitswelt in die Lage versetzt werden, noch besser Prioritäten zu setzen und die entscheidenden Informationen herauszufiltern, ohne sich von der Datenfülle verführen oder verwirren zu lassen.

Der Künstlichen Intelligenz (KI) kommt eine immer größere Bedeutung zu. Die Vernetzung von Maschinen mit dem Internet verändert unsere gesamte Arbeitswelt in hohem Maße. Neue Interaktionsformen entstehen, die auch die Bildungsprozesse immer stärker beeinflussen. Autonome Systeme wirken auf die menschliche Kommunikation in teilweise noch ungeahnter Weise ein, ebenso die Kollaboration von Robotern und Menschen. Die unterschiedlichen Berufe und Qualifikationen stehen nicht mehr in dem Maße im Vordergrund, wie wir es bisher gewohnt waren. Vielmehr beeinflussen komplexe, übergreifende Tätigkeiten unser Leben. Bestimmte Technologien lassen sich schon jetzt häufig besser durch KI als mittels menschenstandardisierter Prozesse ausführen. Auch der Zugriff auf ungeahnt umfassende Informationen gelingt in rasender Geschwindigkeit.

Unsere Bildungsstrukturen müssen sich grundlegend verändern, da Informationen viel rascher zur Verfügung stehen und auch zunehmend mehr miteinander verknüpft werden können. Die Künstliche Intelligenz wird zunehmend in alltägliche Arbeitsprozesse integriert und von immer mehr Beschäftigten genutzt und als hilfreich angesehen werden. Zugleich wächst die Angst vor Fremdbestimmung in einer digitalen Wirtschaft. Es entstehen neue, teilweise gar nicht mehr überschaubare Abhängigkeiten. Zwar lässt sich Wissen rasch aufnehmen oder vermitteln, der richtige Einsatz wird aber immer komplexer, da Wissen ständig umfassender wird. Wir sind zunehmend gefordert, mit immens großen Datenmengen umzugehen, da wir nur dann dem komplexen Geschehen einigermaßen gerecht werden können. Der digitalen Bildung muss absoluter Vorrang eingeräumt werden, da wir nur dann neue Möglichkeiten und Kenntnisse entwickeln, um mit umfassenden komplexen Informationen umzugehen oder uns sogar damit anzufreunden.

Arbeitsprozesse verändern sich auch grundlegend dadurch, dass ein jeder Kunde über mehr Macht und Transparenz verfügt. Die Vergleichsmöglichkeiten nehmen zu, die Manipulationsmöglichkeiten allerdings ebenso. Noch nie war so viel Wissen frei verfügbar – und eben auch manipulierbar. Datenverfügbarkeit wird zu einer der zentralen Machtfragen. Wer diese Datenmengen besser handelt und mit ihnen besser umgehen kann, hat unweigerlich einen großen Vorsprung. Er überschaut Dinge, die anderen verborgen bleiben. Der Missbrauch von Daten muss ebenso verhindert werden wie der konstruktive Umgang mit komplexen Datenstrukturen. Digitale Bildung wird die Voraussetzung, auf unser Leben selbstbewusst und erfolgreich Einfluss zu nehmen.

Die Geschwindigkeit, mit der sich unser Arbeitsumfeld weiterentwickelt, ändert sich ständig. Damit verbunden sind Probleme bei der Kontrolle des Arbeitsumfeldes, der Kontrollverlust muss gemanagt werden. Dabei helfen die bisherigen Erfahrungen nur bedingt, da die Entwicklungen immer schwieriger vorauszusehen und abzuschätzen sind. Unser Denken muss ständig für Neuerungen offen sein und wir sind gefordert, Risiken einzugehen. Unbekannte Märkte und Technologien verlangen unentwegt neue Antworten, die Bedeutung der Bildung wird dramatisch zunehmen. Technologien müssen sich in völlig neue Bereiche und Richtungen weiterentwickeln, da die uns vertrauten Technologien, die bisher unseren Wohlstand sicherten, überaltert sind.

Die Künstliche Intelligenz ist eine Megaherausforderung, die sich noch gar nicht umfassend überschauen lässt. Lernende Maschinen und neue Software verändern unser Umfeld in ungekanntem Ausmaß. Mittlerweile gibt es Softwareprogramme, mit denen sich auf künstliche Weise Rembrandtgemälde simulieren lassen. Künstliche Intelligenz wird eine der Kernkompetenzen werden. Wir entwickeln Maschinen, die lernen und intelligent handeln können. Auch sind Softwares in der Lage, Produkttexte zu verfassen, die somit nicht mehr von Menschen geschrieben werden müssen. Ebenso lassen sich Sportberichte, Wetterberichte und dergleichen automatisiert schreiben wie auch die Analyse von umfassenden Texten, die vom Menschen einen nicht unerheblichen Leseaufwand erforderten, nun zeitsparend durch entsprechende Softwareprogramme erledigt werden können. Selbstlernende Systeme sind in der Lage, auch komplexe Aufgaben in einem Minimum der Zeit zu lösen, die sie früher erforderten. Auch liefert die Künstliche Intelligenz Möglichkeiten für die Auswertung von Quellenanalysen, die vor einigen Jahren noch extrem zeitaufwändig gewesen wären. Eine Webcam ist in der Lage, aus hunderten von Gesichtern eine bestimmte Person zu identifizieren. Dies sind nur einige Beispiele für die rasante Entwicklung, die wir soeben durchleben.

Veränderungen finden zunehmend disruptiv statt, also plötzlich und sehr radikal. Die Entwicklung nimmt völlig neue, unvorhersehbare Wege. Hätte man die Kerze immer nur weiterentwickelt, wäre es nie zur Erfindung der Glühbirne gekommen. Dies aber erfordert eine starke Kreativität und grundlegende Kategorienwechsel. Nur so sind Veränderungen originär zu gestalten. 98 Prozent solcher Ideen werden häufig nicht umgesetzt, sie sind aber die Voraussetzung für einige wenige Ideen, die radikale Veränderungen herbeiführen.

Lernende, die Inhalte direkt erleben, haben ein viel tiefergehendes Lernergebnis. Wenn man in fremde Orte, Situationen oder in eine Umgebung eintauchen kann, verankert sich das Lernergebnis automatisch nachhaltiger. Auch bei einer virtuellen Realität ist der Erlebnisfaktor relativ hoch. In Großbritannien existieren bereits Schulen, die ihre Schüler auf virtuelle Schulausflüge nach Australien oder auf die Philippinen mitnehmen. Virtuelle Realität lässt sich grundsätzlich in allen Lernbereichen anwenden.

* * *

Künstliche Intelligenz ist ein dominierendes Thema. Maschinen werden zunehmend klüger, Algorithmen verbessern und verkürzen immer mehr Arbeitsprozesse. So können Menschen auf Fotos in einer Menge erkannt werden, Texte lassen sich neu und rascher erfassen, können gar mithilfe künstlicher Intelligenz neu erstellt werden. Dennoch ist nicht ausgeschlossen, dass die Kompliziertheit der Welt unterschätzt und nicht richtig erfasst wird. Die Leichtigkeit der Analyse verdeckt nicht selten die Komplexität des Problems. Fake News vermischen sich mit der Realität, Kommunikation wird immer leichter zugänglich, Nachrichten sind aber auch in viel größerem Maße der Manipulation ausgesetzt. So ergibt sich das Paradox, dass die Kommunikation durch soziale Medien erheblich vereinfacht wird, aber auch teilweise schwieriger. Zudem haben Ideen, Aufrufe und Informationen eine viel größere Reichweite, nicht nur räumlich, sondern auch quantitativ. Die Gefahr der Manipulation ist aber ungleich viel größer geworden im Gegensatz zu früheren Zeiten. Heute sind soziale Plattformen inzwischen Grundlage und Mittel für Wahlmanipulationen. Und soziale Netzwerke können die normale Kommunikation nicht nur erleichtern, sondern auch erschweren – ohne dass sich die Menschen dessen bewusst sind.

Auch das passive Konsumieren von Informationen kann schlechte Gefühle auslösen. Die Informationsfülle erzeugt ein Gefühl der Unzulänglichkeit, vielleicht sogar zuweilen der Minderwertigkeit. Kurzfristig empfinden wir Glücksgefühle, langfristig stehen diesen Gefühlen negative Emotionen des einer Situation Nicht-gerecht-Werdens gegenüber. Auch Demokratien können inzwischen manipuliert werden, da die Unterscheidung von richtigen und falschen Informationen schlichtweg überfordert. Soziale Plattformen werden zuweilen regelrecht missbraucht, um ungeheure Informationsmengen in die Welt zu setzen, die die reale Urteilskraft des Menschen erschwert.

Indem so neue Technologien wie virtuelle Realität und Künstliche Intelligenz einen immer stärkeren Raum in unserer Gesellschaft einnehmen, uns beeinflussen, ohne dass wir in der Lage sind, die Auswirkungen adäquat und allzeit zu durchschauen, ist zunächst erst ein kulturelles Erwachen vonnöten, damit wir die Implikationen und Konsequenzen dieser Technologien wirklich wahrnehmen und unserer Lebensumwelt entsprechend gestalten.

Welchen Einfluss haben die Internetdienste auf unser persönliches Leben und unser persönliches Wohlbefinden? Wir sind Tag für Tag mit ihnen konfrontiert, insofern üben sie auch einen starken Einfluss auf unser psychologisches Wohlbefinden aus. Ständig werden unsere Zeit und unsere Aufmerksamkeit vom Internet in Anspruch genommen. Die Vielzahl von Kontaktmöglichkeiten und die Informationsflut wirkt sich auf unsere Aufmerksamkeit und unser Bewusstsein aus. Ein Gefühl von Getrieben-Sein stellt sich ein, immer haben wir Angst, es könnte uns etwas entgehen oder wir könnten nicht alles aufnehmen und verarbeiten. Hier sind vor allem auch unsere Kinder gefährdet. Sie gilt es besser zu schützen und die mannigfaltigen Einflüsse zu begrenzen und auf bestimmte Prioritäten zu lenken.

Gleichzeitig erleichtert uns das Internet unseren Alltag ganz erheblich. Nie war eine rasche Beschaffung gewünschter Informationen einfacher, nie waren wir in dieser Hinsicht auch unabhängiger von der jeweiligen Infrastruktur unseres Wohnortes, nie ließen sich Recherchevorhaben derart schnell umsetzen. Damit einher geht aber zugleich auch eine Flut von Informationen und angebotenen Alternativen. Hier die richtige Auswahl zu treffen, stellt uns vor ungeheuer große Probleme. Damit einher geht das ständige Gefühl, diese Informationsfülle überhaupt nicht mehr adäquat verarbeiten zu können. Mit unseren Entscheidungen treffen wir also immer eine begrenzte Auswahl, abhängig von vielerlei undurchschaubaren Faktoren. Trotz der mannigfachen Möglichkeiten, die uns angeboten werden, bleibt immer das Gefühl von unendlicher Begrenzung und Eingrenzung. Nicht wenige Internetdienste versuchen, die User aus Gründen besserer Einflussnahme und gezielterer Werbung an sich zu binden. Selbstverständlich ergeben sich für die Interessenten damit auch große Erleichterungen, können sie ihre Käufe doch mit nur einigen wenigen Klicks abwickeln.

Laut aktuellen Untersuchungen greift jeder Mensch ungefähr 76-mal am Tag nach seinem Smartphone, alle 18 Minuten werden wir bei unserer aktuellen Tätigkeit unterbrochen, da jemand mit uns Kontakt aufnehmen möchte oder wir uns Informationen beschaffen wollen. Unsere persönliche Interaktion wird durch moderne Medien stark beeinflusst, da wir im täglichen Leben durch virtuelle Kontakte häufig unterbrochen und auch beeinflusst werden.

Internetdienste sind ständig bemüht, unser Aufmerksamkeitsniveau zu steigern und damit ihren Einfluss zu vergrößern. Für die Psychologie stellen sich große Aufgaben im Durchschauen und Erkennen digitaler Einflüsse. Unsere Aufmerksamkeit lässt sich nicht beliebig steigern, da jedes Gehirn nur über eine begrenzte Verarbeitungskapazität verfügt. Infolge einer stimulierten Aufmerksamkeit wird ein Zugang zu unserem Bewusstsein geschaffen, was aufgrund der hohen Stimulierung, der wir dabei ausgesetzt sind, nicht immer für uns zu durchschauen ist.

Zufriedenheit lässt sich dadurch steigern, dass wir uns dieser Prozesse bewusst werden und sie erkennen, um uns sodann Zeit zu nehmen, vorübergehend eine Distanz dazu aufzubauen. Diese Distanz ist nötig, da sie uns die Möglichkeit gibt, Prioritäten abzuwägen und uns immer wieder ins Bewusstsein zu rufen, was wir *nicht* aufnehmen möchten oder bewusst weglassen wollen. Es muss gelingen, sich regelmäßig vorübergehend den Medien zu entziehen und der Beeinflussung von außen zu widerstehen. Temporäre Medienpausen erhöhen unsre innere Gelassenheit spürbar. Mit der Zeit kann es sogar zu einer Art Statussymbol werden, wenn wir unser Leben in bestimmten Phasen medienfrei führen, um unsere Unabhängigkeit zu genießen und unsere eigenen Prioritäten herauszubilden.

Es stellt sich die Frage, ob moderne Kommunikationsmittel nicht auch die Kommunikation verhindern können. Mediale Möglichkeiten der Interaktion werden zunehmend größer. Damit einhergehend kann der unmittelbare zwischenmenschliche Kontakt aber auch erheblich eingeschränkt werden. Es gibt eine mediale Lawinengefahr, die uns eine Vielzahl von Informationen verschafft. Allerdings sind wir nur begrenzt dazu in der Lage, diese aufzunehmen. Oder aber es fällt uns schwer, bei dieser Informationsfülle Prioritäten zu setzen, ebenso auch, die Informationen zu verifizieren und damit überhaupt adäquat zu beurteilen. Jeder kann mit Leichtigkeit „posten", dabei den anderen aber in Unsicherheit lassen, wie wichtig ihm dies überhaupt ist.

Alle Medien kämpfen stets und ständig um den ersten Platz bei der Informationsvermittlung und der Art ihrer Präsentation und Aufbereitung. Zudem herrscht ein unablässiger Wettbewerb hinsichtlich der Aktualität neuer Meldungen mit der Folge, dass Neuigkeiten, Nachrichten etc. nicht selten allzu schnell übermittelt werden, ohne überhaupt verifiziert worden zu sein. Wir alle haben einen unstillbaren Durst nach dem Neuen, dem Aktuellsten. Ein jeder möchte bei der Berichterstattung Platz eins einnehmen, um damit den Mitbewerbern die eigene Überlegenheit unter Beweis zu stellen. Und uns, die wir diese Informationen konsumieren, erscheinen viele von ihnen gleich wichtig oder unwichtig zu sein. Wir haben kaum noch die Zeit oder nehmen sie uns erst gar nicht, ihre Bedeutung, ihren Stellenwert zu überdenken und entsprechend einzuordnen.

Durch den Einsatz von Künstlicher Intelligenz werden sich viele Berufe ändern beziehungsweise sogar ganz überflüssig werden. Nicht wenige Stimmen sagen, dass wir soeben vor dem größten Umbruch in der Menschheitsgeschichte überhaupt stehen.

Der klassische Arbeitsbegriff wird umdefiniert, Prioritäten werden neu formuliert – und dieser Wandel vollzieht sich zudem in einem rasanten Tempo. Veränderungsprozesse laufen mit einer bisher nie gekannten Dynamik ab. Wir sind heute imstande, Informationen aus Texten und Bildern mit Leichtigkeit herauszufiltern und in Echtzeit zu verbreiten. Wir erleben eine extreme Selbstbeschleunigung, die unsere Lebensverhältnisse radikal verändert. Viele Menschen verlieren ihre Privatsphäre und Individualität, da sie alle Informationen über sich selbst unbefangen preisgeben. Die meisten der Algorithmen, die uns umgeben, können wir längst nicht mehr durchschauen. So komplex sie sind, so stark beeinflussen sie zugleich unser Leben und unsere Verhaltensweisen. Mit der Preisgabe von Informationen und Daten liefern wir uns der Möglichkeit einer vollständigen externen Kontrolle aus. In guten Händen aufgehoben, müssen wir trotz einer Transparenz keine negativen Konsequenzen befürchten, in negativen Systemen hingegen kann uns diese Transparenz großen Schaden zufügen. Der Fortschritt kann auch dazu führen, dass wir zu Verlierern werden, da wir bei Weitem nicht mehr alles durchschauen. Daher ist es von besonderer Bedeutung, unsere aktuelle Situation zu analysieren, ihre Vor- und Nachteile erkennen, um sie in unserem Sinne zu gestalten.

Mit der Digitalisierung haben zugleich Transparenz und Komplexität zugenommen. Kunden werden immer eigenständiger, mobiler und anspruchsvoller, der Markt hat sich zur Nachfrageseite hin verschoben. Glaubwürdigkeit und Nachvollziehbarkeit werden zunehmend wichtiger, der Online-Vermarktung kommt eine immer wichtigere Rolle zu. Aber auch Rubrikenportale sind von zunehmendem Interesse. Die Mediennutzung verändert sich ebenfalls rasant weiter, der Einsatz von Smartphones und Tablets führt zu großen Veränderungen.

Bemerkenswert: Auch im Online-Geschäft hat die Kundenbindung stetig zugenommen. Solche Entwicklungen können selbst technologiebasierte

Suchmaschinen nur teilweise ausgleichen. Die neuen mobilen Endgeräte sind von großer Bedeutung, wobei sich im Lauf eines Tages die Nutzerzahlen durchaus ändern. So werden klassische Medien eher während der Morgenstunden bevorzugt, ein Höhepunkt beim Zugriff im Online-Bereich hingegen ist in der Mittagszeit zu verzeichnen und dann wieder gegen 20:00 Uhr. Mit Smartphones und Tablet PCs werden sich die Reichweiten weiterhin enorm und rasant vergrößern.

Auch die Interaktionsmöglichkeiten mit den Kunden nehmen zu. Der Verbraucher erhält mehr Macht, insofern er deutlich mehr Einflussmöglichkeiten hat. Zugleich findet Marktforschung in Echtzeit statt, da sich Kundenreaktionen ständig wahrnehmen lassen. Dabei gilt: Je stärker die Informationsflut, desto wichtiger wird es, dem Verbraucher Unterstützung bei der Auswahl und Gewichtung zukommen zu lassen. Per Smartphone oder Tablet ist jede Information jederzeit abrufbar. Hauptproblem für den User im digitalen Zeitalter sind hingegen Auswahl und Gewichtung. Hier können Anbieter unterstützend wirken, entscheidend dabei aber sind eine sehr hohe Glaubwürdigkeit und Objektivität. Sofern uns glaubwürdige Experten bei der Auswahl und Gewichtung helfen, sind wir nicht nur dankbar dafür, sondern ersparen uns auch sehr viel Zeit.

Suchmaschinen, Links und Social Media werden für den Menschen zunehmend wichtiger, wie auch der direkte Kundenkontakt in einer digitalen Welt. Denn auch hier gilt wie in der analogen Welt: Der direkte Kundenkontakt gewinnt zunehmend an Bedeutung, da eine solche persönliche Interaktion die Glaubwürdigkeit und Authentizität enorm zu steigern vermögen. Dies wird bei den Portalen nicht selten noch unterschätzt und ist durchaus ausbaufähig. Ergo sind selbst im digitalen Zeitalter Kundenbindung und Orientierung von großer Bedeutung. Auswahlorientierung und exklusive Informationen erleichtern es dem Interessenten, auf zeitsparende Weise authentische, glaubwürdige und nützliche Information zu erhalten.

Ein persönlicher Kontakt ist also auch beim Online Marketing durch nichts zu ersetzen. Online Marketing und persönlicher Kontakt müssen in eine fruchtbare Beziehung zueinander gesetzt werden, um den Kunden auf diese Weise den größtmöglichen Nutzen zu bieten. Hauptfaktoren, die zu einer veränderten Sicht beitragen, sind veränderte demografische

Verhältnisse, Urbanisierung und Globalisierung. Gerade die Urbanisierung zeigt, dass auch im digitalen Zeitalter einer Konzentration auf direkte zwischenmenschliche Kontaktmöglichkeiten zurückgegriffen wird. Obwohl eine Vielfalt von Informations-und Kommunikationstechnologien zur Verfügung steht, streben Menschen die Urbanisierung an, um die persönlichen Kontaktmöglichkeiten zu erweitern.

Moderne Informations- und Kommunikationstechnologien haben zweifelsohne zu einer effizienteren Kommunikation der Menschen untereinander geführt. Kommunikation wird individueller, vielfältiger, aber gleichzeitig auch komplexer. Smartphone und Tablet PCs erlauben es, diese Vielfalt jederzeit und an jedem Ort wahrzunehmen. Dennoch: Die elektronische Kommunikation kann den persönlichen Kontakt nie ersetzen, sie kann nur vorbereitend neue Möglichkeiten schaffen.

Die Verbindung zwischen Anbietern und Kunden wird durch elektronische Informationssysteme wesentlich einfacher, aber auch gleichzeitig vielfältiger, unübersichtlicher und komplexer. Eine Vielzahl von Kommunikationskanälen ermöglicht uns eine unübersehbare Fülle von Kontaktmöglichkeiten. In der Folge wird die Auswahl schwieriger und umfangreicher. Im gleichen Maße werden wir für strukturierte Unterstützung immer dankbarer.

* * *

Psychische Erkrankungen nehmen in letzter Zeit stark zu. Es wird diskutiert, ob die heutige Arbeit und die heutigen Arbeitsverhältnisse krank machen und ob die Belastungen insgesamt größer geworden sind. Nach Aussagen vieler Mitarbeiter wird jedenfalls der Stress am Arbeitsplatz als immer größer empfunden. Und eines sollte zu denken geben: Psychische Probleme sind heute bereits der zweitwichtigste (!) Grund für Krankmeldungen. Als Ursachen hierfür sehen Wissenschaftler in erster Linie die steigende Arbeitsmenge, die zunehmende Arbeitsintensität und die mangelnde Kontrolle über das Arbeitspensum.

Die Geschäftsmodelle haben sich in vielen Bereichen radikal verändert. Infolge der ständigen Verfügbarkeit von Informationen spielt der Ort des Arbeitsplatzes eine immer geringere Rolle. Wir können ständig auf alle möglichen Informationsquellen zugreifen, damit einher geht auch eine ständig flexible Arbeitsweise. Zudem werden viele Arbeiten inzwischen projektbezogen durchgeführt.

Auch die digitale Bildung verändert sich permanent. Virtuelle Trainings ermöglichen ortsunabhängige Seminare. Life-Seminare sind allerdings durch nichts zu ersetzen. Das Datenvolumen verdoppelt sich im Netz alle zwei Jahre. Dies führt dazu, dass die verfügbaren Informationen exponentiell zunehmen mit der Folge, dass die Selektion von relevanten Informationen immer wichtiger wird. Gleichzeitig entsteht ein Anreiz, die verfügbaren Informationen möglichst umfassend wahrzunehmen und mit zu verarbeiten. Der psychologische Druck verstärkt sich ständig, da wir erkennen, lediglich einen kleinen Teil der Informationen zu erfassen. Ein Desiderat wäre demnach, relevante von irrelevanten Informationen zu unterscheiden. Aber wie? Dies hängt auch mit unserem eigenen Informationsbedürfnis und unseren Wertesysteme zusammen.

Ein weiterer Entwicklungsschritt zeichnet sich ab mit dem Internet der Dinge. Nicht nur Menschen sind in der Lage, immer leichter und schneller miteinander zu kommunizieren, sondern der Informationsaustausch zwischen verschiedenen Dingen kann inzwischen sehr schnell erfolgen. Es wird keine Branche geben, die in Zukunft von der Digitalisierung und dem Internet der Dinge unbeeinflusst bleiben wird.

Auch die Kräfte des Wettbewerbs werden sich in Zukunft immer weiter potenzieren. Die Leistungsfähigkeit der Datenverarbeitung nimmt enorm zu. Ebenso wird sich das Prinzip des Teilens und des Co-Sharings multiplizieren. Infolge der freifließenden Informationen wird es auch zu Machtverschiebungen kommen. Allen, die die Datenvielfalt auswerten können und auch darauf Zugriff haben, eröffnen sich damit ungeahnte Einflussmöglichkeiten. Auch für Newcomer wird es ständig zunehmende Chancen geben, was gleichzeitig die etablierten Unternehmen unter Druck setzt.

Auch Texte – und dies ist jetzt schon spürbar – werden sich ständig weiter verkürzen, da die Geduld, einen langen Text zu lesen und sich mit ihm auseinanderzusetzen, ständig abnimmt. Immer mehr Autoren werden ihre Bücher im Internet selbst veröffentlichen – und damit wird zugleich die Hürde, ein Buch zu schreiben und zu veröffentlichen, immer niedriger.

In unserer Wissensgesellschaft wird Teamarbeit von Tag zu Tag wichtiger, um das Spezialwissen aller zusammenzufügen. Eigenverantwortliches Arbeiten bei gleichzeitig enger Kooperation mit anderen Experten wird zunehmend mehr gefragt sein. Indem wir auf immer komplexere Systeme treffen, ist auch ein Mehr unterschiedlicher Experten unumgänglich. Der gesellschaftliche Wandel muss extrem schnell erfasst werden, alle Informationsquellen sind dabei zu berücksichtigen. Das Wissen der einzelnen Mitarbeiter birgt also ein hohes Potenzial, das Unternehmen nutzen müssen.

Noch nie hat eine Generation so viel in Wissen investiert, da sie erkennt, dass dies die wesentliche Grundlage für den beruflichen Erfolg ist. Ein selbstbestimmtes Leben ist nur denen möglich, die eine umfassende Übersicht über die Informationsmöglichkeiten haben. Bereits wer heute berufliche unverrückbare Weichen für sich stellt, kann schnell in die Situation geraten, dass er sich für die falsche Richtung entschieden hat.

Neben der Fachkompetenz wird in der heutigen Arbeitswelt vor allem die Sozialkompetenz immer wichtiger. Die Soft Skills sind entscheidend für den Berufserfolg. Unternehmen sollten daher besonders viel Zeit und Geld in Angebote zu entsprechenden Schulungen investieren.

Die Datenerfassung wird durch moderne Technologien immer einfacher, dabei nimmt der Umfang der erfassbaren Daten zugleich ständig zu. Überdies erhöht sich die Wahrscheinlichkeit, dass der Einzelne mehr Daten preisgibt, als ihm überhaupt bewusst ist. Technischer Komfort und die Vorteile der modernen Medien schaffen viele neue Möglichkeiten, das Leben zu erleichtern. Wir können uns viel schneller über etwas informieren oder Zusammenhänge leichter herstellen. Auf der anderen Seite besteht die Gefahr des Verlustes der Privatheit, die zu einem zufriedenen Leben dazugehört. Die Hoheit über die eigenen Daten gehen schneller verloren als vermutet, die damit verbundenen Nachteile werden aber teilweise erst sehr spät realisiert.

In der Wirtschaft bieten die riesigen Datenvolumen auch ebenso riesige Vorteile. So wird Wissen über den Verbraucher angesammelt, dem man dann entsprechende Waren und Dienstleistungen anbieten kann. Vorteilhaft kann die Datenerfassung aber auch für die Gesundheitsvorsorge sein oder bei kriminalistischer Aufklärungsarbeit. Auch alle Dinge können miteinander verbunden werden, wie schon der Begriff „Internet der Dinge" bezeugt. Die Gesamtheit aller verfügbaren Daten lässt sich inzwischen sehr leicht erfassen, kompilieren und analysieren. Auch die Wissenschaft profitiert von einer umfassenden Datenanalyse, die zu völlig neuen Ergebnissen führen. War man bisher auf einzelne Stichproben angewiesen, sind nun Analysemethode auf der Grundlage einer Unmenge von Daten in Echtzeit möglich.

Bei diesen Entwicklungen unabdingbar ist immer, Chancen und Risiken der Datenanalyse abzuwägen. Es gilt, neue Wertschöpfung zuzulassen und zugleich dem Datenschutz breiten Raum zuzugestehen. Persönliche Zufriedenheit und ein Glücksgefühl hängen sehr stark davon ab, ob wir die Autonomie über unsere Persönlichkeit behalten und einen gewissen Bereich der Privatheit schützen können.

* * *

Durch die Digitalisierung werden sich weltweit große soziale Veränderungen und Verschiebungen ergeben. Fortbildung wird ein zentrales Thema werden, um sich in der veränderten Arbeitswelt anzupassen. Viele Arbeitsplätze werden wegbrechen oder sich grundlegend wandeln. Digital interessierte Mitarbeiter werden dabei insofern einen großen Vorsprung gegenüber ihren Mitbewerbern haben.

Algorithmen bestimmen die Geschäftsabläufe zunehmend. Inwieweit diese überhaupt noch nachvollzogen werden können, ist selbst unter Experten höchst umstritten. Bereits in der Finanzkrise 2008 waren Fachleute damit schlichtweg überfordert und waren eher darum bemüht, Verläufe überhaupt nachzuvollziehen und im Nachhinein zu verstehen, statt sie zu antizipieren. Viele Unternehmen haben inzwischen das ungeheure Veränderungspotenzial begriffen, das die Digitalisierung mit sich bringt. Mitarbeiter werden in der Zukunft digital sehr gut ausgebildet und wandlungsfähig sein müssen, um sich auf neue Entwicklungen einzustellen.

Die zukünftigen Anforderungen an neue Arbeitsplätze lassen sich nur sehr begrenzt voraussehen, wobei die Macht der Algorithmen aber immer mehr dominieren wird. Digitale Bildung wird sicherlich *der* zentrale Weiterbildungsfaktor. Dabei werden sich Unternehmen immer wieder neu erfinden und sich neue Ziele setzen müssen. Die Entwicklungen heutzutage sind in weiten Teilen nicht vorhersehbar und also auch nicht planbar. Begriffe wie Volatilität, Unsicherheit, Komplexität und Vieldeutigkeit beschreiben die derzeitige Situation sehr gut.

Unvorhergesehenes erfordert immer rasche Reaktionen. Der Umgang mit riesigen Datenmengen muss neu eingeschätzt und optimiert werden, was immer die Gefahr der permanenten Überforderung miteinschließt. Unübersichtlichkeit und Schwankungsanfälligkeit werden neue, ungewohnte Situationen schaffen, Überregulierung und Fachkräftemangel stellen dabei zwei grundlegende Schwächen in der Arbeitswelt dar. Anpassungsfähigkeit an eine sehr spannende Welt wird immer wichtiger, vieles steht infrage und ist unbestimmt – und ist zugleich äußerst starken Veränderungen unterworfen. Subjektiv wird die Welt immer komplexer, objektiv lässt sich der Wandel nur zu einem Teil nachvollziehen.

Die digitale Revolution schafft ein enormes Wachstumspotenzial, das nur zum Teil realisiert werden kann. Es gibt Wissenschaftler, die davon ausgehen, dass in unserem Jahrhundert die Künstliche Intelligenz dem Menschen gegenüber den nachhaltigeren Effekt haben wird. Künstliche Intelligenz wird ein sehr großes Potenzial an Produktivität erschaffen. Denken kann zu einer Dienstleistung werden. Die Computer übernehmen diese Anforderungen und werden Menschen überflüssig machen. Eine Reihe qualifizierter Arbeiten werden voraussichtlich von Maschinen übernommen werden, schlaue Computer werden fast die Hälfte der Arbeitsplätze übernehmen.

Computer sind in der Lage, unfassbar große Datenbestände ungleich viel schneller und exakter zu analysieren, als es irgendein Mensch je könnte. Immer mehr Maschinen entwickeln Fähigkeiten, die bisher nur dem Menschen vorbehalten waren. Das menschliche Gehirn besteht aus hundert Milliarden Nervenzellen, jede Nervenzelle hat im Schnitt zu zehntausend anderen Nervenzellen Kontakt. Diese Leistung ist unvorstellbar, zeigt zugleich aber auch die enormen Kapazitäten von Computern, die in bestimmten Bereichen dem menschlichen Gehirn überlegen sind.

Zukünftig werden wir wahrscheinlich mit Computern in natürlicher Sprache kommunizieren können. Es gibt Wissenschaftler, die vermuten, dass in zwanzig Jahren 50 Prozent aller Arbeitsplätze von Computern übernommen werden. Die Folge: Je besser die Ausbildung, desto wahrscheinlicher wird es sein, dass menschliche Arbeitsplätze erhalten bleiben. Überall dort, wo soziale Interaktion erforderlich ist, sind Kreativität und die Fähigkeit, in einem komplexen Umfeld zurechtzukommen, gefragt. Dort werden menschliche Arbeitsplätze erhalten bleiben. Je mehr Computer zum Einsatz kommen, umso weniger wird es deshalb menschliche Arbeit geben, um am Wohlstand der Gesellschaft teilzuhaben.

Der digitale Fortschritt ist ein globaler Innovationstreiber in allen Lebensbereichen. Ein Großteil der Geschäftsprozesse verändert sich und richtet sich nach digitalen Kriterien aus. Der Wandel der Welt beschleunigt sich. Von dieser Beschleunigung profitieren auch Innovationen. Geschäftsmodelle verändern sich grundlegend, gestalten sich kreativer. Zudem erleichtert eine umfassende Vernetzung auch das Wirtschaftsleben, viele Märkte verzeichnen exponentielle Wachstumsraten.

Die perfekte Informationsverarbeitung wird zunehmend wichtiger, Daten bilden die Grundlage für das digitale Geschäft, die Welt wird immer unberechenbarer und komplexer. Nur durch Kreativität können wir zu neuen Lösungen gelangen. Die Flut von Bildern und Wissen (ver)führt nicht wenige zu einer ungekannten Ruhelosigkeit. Von Begeisterung und Neugier getrieben, stimuliert uns das verfügbare Wissen permanent. Dabei fällt es zugleich zunehmend schwerer, die Dinge zu ordnen, da wir Wissensfülle und die daraus resultierenden Möglichkeiten kaum beherrschen, einordnen und überschauen. Unser unstillbarer Drang zu entdecken und zu verstehen wird durch unsere digitale Umgebung ständig bedient und gefüttert.

Zugleich nimmt die Stressbelastung für viele in ihren Arbeitsprozessen zu. Jeder Dritte fühlt sich inzwischen von den Ansprüchen im Unternehmen überfordert, der Ergebnisdruck steigt enorm. Zudem sollte jeder Mensch vor allem im digitalen Bereich eine größere Souveränität entwickeln. Notwendig wäre es, die Abhängigkeit von Technologieanbietern zu verringern. Die vernetzte Produktion und das Internet der Dinge werden zusehends zentral und erfordern ein Denken in größeren Zusammenhängen. Stress verursacht nicht wenigen auch das Gefühl, mit einer galoppierenden Datenenteignung zu tun zu haben. Über Sensoren erfassen wir viele Sachverhalte, die wir kaum noch überschauen.

Komplexitäts- und Stressreduktion sind das Gebot der Stunde, wir müssen viel mehr Verständnis bei unseren Mitmenschen gewinnen, um das Arbeitsumfeld angenehmer zu gestalten. Häufig geht es auch nicht mehr darum, Wissen zu vermitteln, sondern andere in die Lage zu versetzen, sich überhaupt noch zurechtzufinden. Dies wird umso wichtiger in einer globalisierten Welt, in der das Wissen sehr schnell veraltet. Wir müssen lernen, Fakten neu zu verknüpfen und einmal erworbenes Wissen auf andere Zusammenhänge anzuwenden. Die begrenzte Zeit, die wir für Weiterbildung zur Verfügung haben, sollten wir auf die Erweiterung von Sozial- und Kommunikationskompetenz konzentrieren. Im Vordergrund stehen sollte die Aufgabe, Menschen zu verstehen und zu motivieren. Für unsere Kunden sollten wir mehr Empathie entwickeln, auch die individuellen Begabungen sollten deutlich stärker im Vordergrund stehen.

Emotionale Intelligenz und kreative Intelligenz lassen sich nur in direktem Kontakt fördern. Digitale Medien verändern nicht nur den Umgang mit der Zeit, sondern auch die Art des Lernens. Innovationen müssen zusehends schneller bewerkstelligt werden – eine Folge der zunehmenden Anforderungen. Dem gegenüber steht der berechtigte Wunsch nach mehr Autonomie und Mitbestimmung. Selbstorganisation und Flexibilität sind wesentliche Ziele. Wir leben in einer reizüberfluteten Zeit, unsere Umwelt ist voller Spannungen und konkurrierender Absichten. Unsere Konzentration wird ständig herausgefordert, doch Aufmerksamkeit ist wie ein Muskel, der auch rasch erschlaffen kann.

Moderne Technologien beanspruchen unsere Aufmerksamkeit mehr und mehr. Inzwischen konzentrieren wir uns nicht selten intensiver auf Maschinen und weniger auf Menschen. Bildschirme und Smartphones treten zusehends an die Stelle des Austausches mit wirklichen, echten und realen Menschen. Zuweilen spüren wir sogar noch das Unbehagen unseres Gegenübers, wenn wir überraschend mal wieder das Smartphone bedienen. Dabei aber vernachlässigen wir auch unsere geistigen Kernkompetenzen, wenn wir uns permanent ablenken lassen und unsere Aufmerksamkeit immer wieder abschweift.

Was hier und jetzt geschieht, interessiert uns immer weniger, da wir über elektronische Medien permanent Kontakt zu anderen Orten und anderen Menschen haben. Man spricht auch von ständiger Teilaufmerksamkeit, da wir von Kontakten und Informationen überfrachtet werden. Unsere Konzentration kämpft unentwegt gegen Ablenkungen. Hinzu kommt, dass wir die Bearbeitung von Vorgängen und Informationen kürzen, da ständig Neues auf uns zukommt. Die Informationsfülle reduziert zugleich den Grad unserer Aufmerksamkeit.

Leistung ist immer stark abhängig von unserer Konzentration. Wesentlich ist auch, emotionale Ablenkungen auszublenden, um die Aufmerksamkeit tatsächlich zu fokussieren. Ein ständiges gedankliches Abschweifen beeinträchtigt zudem unsere Verständnisfähigkeit, die multimediale Masse der Ablenkungen kann unsere Aufmerksamkeit und unsere Lernfähigkeit erheblich einschränken. Wir müssen die Fähigkeit wieder stärker entwickeln, unsere Aufmerksamkeit anhaltend auf einen Vorgang zu richten. Aufmerksamkeit ist eine begrenzte Fähigkeit, die es optimal einzusetzen gilt. In der heutigen Zeit werden wir allzu stark und allzu oft abgelenkt, wir können uns immer weniger auf lediglich einen einzigen Vorgang konzentrieren. Und es ist ein großer Irrtum, dass Multitasking effektiver ist. Vielmehr schalten wir beim Multitasking zwischen mehreren Dingen gleichzeitig hin und her und mindern damit unsere Aufmerksamkeit. Die zunehmenden Ablenkungen beeinträchtigen unsere Konzentrationsfähigkeit. Viele Menschen sind heutzutage entweder gar zu schnell gelangweilt oder sie fühlen sich gestresst. Die richtige Dosis an Aufmerksamkeit ist entscheidend.

Der Bundesverband der Betriebskrankenkassen veröffentlichte Statistiken, nach denen Krankheitstage aufgrund von Burnout im Zeitraum von mehreren Jahren um das 18-Fache angestiegen sind. Doch gerade Führungskräfte haben eine besondere Verantwortung für die psychische Gesundheit ihrer Mitarbeiter, da sie einen erheblichen Einfluss auf die Arbeitssituation haben. Krankenkassen schlagen regelmäßige Gefährdungsanalysen vor, um die Ursachen vorbeugend besser zu erkennen. Gerade die ständige Erreichbarkeit durch moderne Medien führt zu einem starken Spannungsniveau und zu einem permanenten Stresszustand. Eigentlich sollte an jedem Arbeitsplatz eine Gefährdungsbeurteilung vorgenommen werden. Führungskräfte sollten vor allem sensibilisiert werden für die Situation ihrer Arbeitnehmer, die sich insbesondere in einem stärkeren Stressumfeld befinden. Unternehmen sollten auch Burnout-Seminare durchführen, um auf diese Weise eine bessere Gesundheitsprophylaxe sicherzustellen.

Veränderungen vollziehen sich in rasender Geschwindigkeit, die Prozesse verlaufen schneller, agiler und aggressiver. Infolge des stetig wachsenden Informationsflusses werden auch immer schnellere Entscheidungen notwendiger. Weitere kritische Veränderungspunkte sind die zunehmende Transparenz und die kritische Öffentlichkeit. In öffentlichen Netzwerken erhöht sich nicht nur die Kommunikation ganz enorm, sondern auch die gegenseitige Kontrolle nimmt extrem zu. Sogar vereinbartes Stillschweigen über Einkünfte wird inzwischen übergangen. Informationsdefizite nehmen zu, der richtige Umgang mit Informationen wird zum zentralen Faktor.

Eine gewisse Risikobereitschaft in unserer modernen Zeit ist unvermeidbar, die Experimentierfreude boomt und Fehler müssen immer stärker hingenommen werden. Zudem gewinnen die eigenen Entwicklungsmöglichkeiten, die Selbstverwirklichung und die Work-Life-Balance zunehmend an Bedeutung. Ein glückliches Leben kann aber sehr schnell durch die Erfüllung von Wünschen zerstört werden.

* * *

Die Digitalisierung bringt weltweit große soziale Veränderungen mit sich. Von jedem Einzelnen sind eine permanente und intensivere Fortbildung ebenso gefordert wie das bewusste Wahrnehmen einer veränderten Arbeitswelt. Digitale Bildung wird zum zentralen Weiterbildungsfaktor.

Ebenso wird die Anpassungsfähigkeit an eine digitale Welt immer wichtiger. Unternehmen sind der Herausforderung ausgesetzt, sich stets neu zu erfinden und neue Ziele anzusteuern. Kommende Entwicklungen sind zu einem Teil kaum mehr vorhersehbar, geschweige denn planbar. Volatilität, Unsicherheit, Komplexität und Vieldeutigkeit sind Begriffe, die die derzeitige Situation nur allzu treffend beschreiben. Überdies muss jeder Einzelne von uns auf Unvorhergesehenes ständig schneller reagieren.

Die Informationsüberflutung erfordert wissenschaftlichen Einschätzungen zufolge eine immer größere Flexibilität, der Umgang mit riesigen Datenmengen muss neu eingeschätzt und optimiert werden. Damit einher geht die Gefahr einer permanenten Überforderung. Unübersichtlichkeit und Schwankungsanfälligkeiten erzeugen neue, ungewohnte Situationen. Überregulierung und Fachkräftemangel sind wesentliche Schwachpunkte in der Arbeitswelt.

Subjektiv wird die Welt immer komplexer, objektiv lässt sich dies überhaupt nur zu einem Teil nachvollziehen. Es erwarten uns grundlegende wirtschaftliche Veränderungen, deren Folgen nur sehr schwer abzuschätzen sind. Die digitale Revolution birgt ein enormes, kaum zu überschauendes Wachstumspotenzial in sich. In der Wissenschaft werden der Künstlichen Intelligenz in unserem Jahrhundert die größten Entwicklungschancen eingeräumt. Mit ihr werden die Menschen unvorstellbare Wachstumspotenziale neu generieren. Das Denken wird zunehmend zu einer Dienstleistung werden, die Computer übernehmen, der Mensch wird dabei scheinbar überflüssig. Eine Reihe von qualifizierten Arbeiten werden mit Sicherheit von Maschinen übernommen werden, Schätzungen gehen davon aus, dass schlaue Computer fast die Hälfte der Arbeitsplätze übernehmen werden.

Computer können riesige Datenbestände viel schneller und exakter analysieren als irgendein Mensch jemals dazu in der Lage wäre. Daneben entwickeln immer mehr Maschinen Fähigkeiten, die bisher dem Menschen vorbehalten waren. Nur zur Verdeutlichung: Das menschliche Gehirn besteht aus 100 Milliarden Nervenzellen, jede Nervenzelle hat im Schnitt zu 10.000 anderen Nervenzellen Kontakt. Was für eine enorme Leistung der Künstlichen Intelligenz also, dem menschlichen Gehirn in bestimmten Bereichen überlegen zu sein! Und es liegt auch nicht mehr in allzu ferner Zukunft, dass wir mit Computern wahrscheinlich in natürlicher Sprache werden kommunizieren können.

Da dermaßen viele Leistungen in absehbarer Zukunft von Künstlicher Intelligenz erbracht werden, kommt der Ausbildung ein zunehmend noch höherer Stellenwert als ohnehin schon zu. Je besser die Ausbildung, desto wahrscheinlicher ist es, dass menschliche Arbeitsplätze erhalten bleiben. Überall dort, wo soziale Interaktion notwendig und Kreativität Voraussetzung ist, werden Maschinen den Menschen nicht ersetzen können.

In der heutigen Zeit wird viel über eine zu starke Ablenkung geklagt, ein Phänomen, das die Wissenschaft auch als „Mind-wandering" bezeichnet. Immer mehr Menschen wollen mehrere Aufgaben gleichzeitig bewältigen. Zudem sind wir ständig bemüht, uns dabei kleine „Belohnungen" abzuholen, die durch neue Impulse ausgelöst werden. Gerade die digitale Welt erschließt uns eine Vielfalt an Informationen, die für uns aber zugleich auch Ablenkungen sein können. Wesentlich ist daher immer, die richtige Dosierung für solche neuen Anregungen zu finden.

Nicht umsonst ist bei dieser Informations- und Impulsfülle Achtsamkeit ein Schlagwort unserer Zeit: Hinhören, Abschalten, Sich-Ausklinken – das sind Eigenschaften, die von zusehends mehr Menschen angestrebt werden. Es erfordert eben auch ein gewisses Maß an Ruhe und Geduld, um sich auf wirklich Wesentliches zu konzentrieren. Dabei werden die Ablenkungen als immer störender empfunden, da wir mit ihrer Fülle nicht mehr richtig umzugehen imstande sind. Ständig driften unsere Gedanken ab. Rund zwei Drittel des Tages beschäftigen sich viele Menschen aktiv mit relativ unwichtigen Dingen, die entweder in die Zukunft reichen oder sich noch mit der Vergangenheit beschäftigen. Die Aufmerksamkeit für das aktuell Anstehende und Gebotene driftet ab. Nicht wenigen gelingt es inzwischen kaum noch, beispielsweise einem Vortrag länger als zwanzig Minuten ausreichend Aufmerksamkeit zu schenken. Das, was gerade passiert, was aktuell erfolgt, erfährt auf diese Weise eine Abwertung, indem unsere Gedanken ständig abschweifen. Wir sollten viel mehr einüben, die eigene Wahrnehmung stärker an den Augenblick zu koppeln.

Die Gefahr, die Kontrolle über das eigene Verhalten zu verlieren, da man Ablenkungen nicht mehr auszuweichen vermag, wird ständig größer. Vielfach wird Gegenwart inzwischen als etwas empfunden, was zirka zwei bis drei Sekunden dauert. Danach driften die Gedanken bereits wieder ab, wandern weiter, wenden sich Neuem zu. Der Input, dem wir ausgesetzt sind und der uns ständig irritiert, ist riesig. In diesem Zusammenhang spricht man auch in dem recht anschaulichen Bild vom „rasenden Stillstand". Die Informationsflut überrollt uns geradezu, die Entscheidung, was für uns wirklich wichtig ist, wird immer schwieriger. Unsere ständig wechselnde Aufmerksamkeit muss bewusst gebündelt werden, damit wir uns klar darüber werden, was wirklich für uns wichtig ist.

Literatur

Zitierte Literatur

Easterlin, Richard A. 1974. Does economic growth improve the human lot? In *Nations and households in economic growth: Essays in honor of Moses Abramovitz*, Hrsg. Paul A. David und Melvin W. Reder, 89–125. New York: Academic Press.

Goldberg, Lewis. 2004. *Personality topics*. London: Taylor & Francins Inc.

Horkheimer, Max. 1988. *Die gesellschaftliche Funktion der Philosophie. Ausgewählte Essays*. Frankfurt a. M.: Suhrkamp.

Weiterführende Literatur

Lewis, Michael. 2017. *Aus der Welt. Grenzen der Entscheidung oder Eine Freundschaft, die unser Denken verändert hat*. Frankfurt a. M.: Campus.

Wöhrle, Georg. 2002. *Epiktet für Anfänger*. München: Gespräche und Handbüchlein der Moral. Eine Lese-Einführung. dtv.

5

Glück und Philosophie

Epikur und die Stoiker bilden eine hervorragende Grundlage für viele Überlegungen zum Thema Glück. Die Antworten, die diese Philosophen gegeben haben, sind hochaktuell und für alle Zeiten gültig. Die Lust und Zufriedenheit an einem glücklichen Leben stehen bei Epikur im Mittelpunkt. Dabei versteht er Lust nicht nur körperlich, sondern auch spirituell. Zugleich geht es immer auch um einen kalkulierten Genuss, der nicht ins Extreme geht. Die subjektive Befriedigung steht im Vordergrund.

Für Epikur ist jedoch nicht die Maximierung der Lust zentral, sondern im Gegenteil: Es gilt, die eigenen Glücksansprüche und Lustansprüche sehr häufig zurückschrauben. Nur so gelangen wir zu einem optimalen Ergebnis für uns. Der kluge Mensch sucht zwar Lust, nicht jedoch ihre Maximierung. Es gibt sogar Autoren, die behaupten, dass Epikurs Lehre in Wahrheit eine Anleitung zum Glücklichsein in der Askese sei. Auch ging es ihm in seiner Philosophie nicht nur um eine reine Theorie, sondern er begriff sie selbst auch als praktische Lebenshilfe, die dem Einzelnen dienen solle.

Seneca wird häufig als Gegenspieler Epikurs verstanden. Als Hauptvertreter des Stoizismus stellt er eine Lebenshaltung in den Vordergrund, die geprägt ist von Unerschütterlichkeit und Durchhaltevermögen, auch unter widrigen Umständen. Eine dauerhafte innere Ruhe ist das erstrebenswerteste Ziel im Leben – von daher auch der Begriff „stoische Ruhe", die zwar viele Konflikte nicht vermeiden kann, aber dazu befähigt, besser mit ihnen umzugehen. Selbstbeherrschung, Pflichtgefühl und ein ruhiges Gleichgewicht in allen Lebenslagen stehen in Senecas Philosophie an erster Stelle.

Insbesondere der richtige Umgang mit den Affekten ist für Seneca von besonderer Bedeutung. Den Begierden muss ebenso mit großer innerer Ruhe begegnet werden. An den Widerständen in der Welt sollte der Stoiker wachsen, wobei die stoische Ruhe zumeist zu den besten Lösungen für den Menschen führe, da er durch sie den Überblick in den je eigenen Bedrängnissen und Unwägbarkeiten behalte.

Vieles können wir erreichen, weniges aber auch nicht. Intelligenz und Temperament konfrontieren uns immer wieder mit Situationen, die sich meistens nur durch innere Ruhe lösen lassen. Und alles, was uns zustößt und umgibt, können wir ohnehin nicht beeinflussen, da es schlichtweg nicht in unserer Macht steht. „Nicht die Dinge und die Menschen beunruhigen uns, sondern die Meinung über die Dinge", fasst er einmal zusammen. In Marc Aurel (121–180 n. Chr.) fand Seneca einen großen Bewunderer. Unabänderliches müssen wir akzeptieren, auch warnt er vor Affekten wie Eitelkeit und Zorn und beschwört immer wieder den Mut des Sich-Fügens.

Auch Arthur Schopenhauer befasst sich eingehend mit den großen Lebensfragen. Ihm zufolge sind wir glücklich vor dem Hintergrund der Farben des Unglücks. Für Schopenhauer bewegt sich der Mensch zwischen Schmerz und Langeweile, das Glück stelle lediglich eine vorübergehende Episode dar. Möglichst angenehm und glücklich lasse sich dann leben, wenn man sich nicht auf das schwankende Urteil der anderen verlässt und auch nicht auf den persönlichen finanziellen Besitz. Natürlich ist die Gesundheit das Allerwichtigste, ohne Gesundheit sind alle äußeren Güter wertlos. Auch der Intellekt ermöglicht uns eine geistige Autarkie, die für ein gutes Leben erforderlich ist. Der kluge Kopf koppelt sich von der Umwelt ab und findet Erfüllung in der Besinnung auf sich selbst. Nach Schopenhauer erfahren wir Glück immer durch die Beseitigung eines Mangels, ganz schnell aber wieder stellen sich entweder ein neuer

Mangel oder neue Langeweile ein, die zerstörerisch auf das Glück wirken. Schopenhauer beruft sich dabei auch auf Aristoteles, der einmal sagte:

> Das Glück gehört denen, die sich selbst genügen.

* * *

Ausgehend von der Überzeugung, dass nur die Philosophie die Grundlagen eines erfüllten Lebens klären könne, haben sich entsprechend viele ihrer Denker damit befasst, die Grundfragen eines erfüllten Lebens näher zu bestimmen. Epikur zufolge ist die Lust der Anfang und das Ende eines glücklichen Lebens. Wir verlangen nach Lust und suchen auch Lust zu vermeiden. Dabei versteht Epikur Lust sowohl körperlich wie spirituell. Ziel unseres Handelns und Strebens ist demnach die Befriedigung, die wir in der Lust erfahren. Viele der Kritiker Epikurs haben allerdings übersehen, dass er neben der Lust auch die Vernunft als höchstes aller menschlichen Güter begriff. Demnach versucht der kluge Mensch nicht, seine Lust zu maximieren, vielmehr wird ihm angeraten, seine Glücksansprüche zu mäßigen und damit Frustration zu umgehen. Bereits kleinste Genüsse können dieser Auffassung zufolge äußerst befriedigend sein – und vor allem von Dauer.

Viele Interpreten begreifen Epikurs Lehre in Wahrheit als eine Anleitung zur glücklichen Askese. Nur wer das rechte Maß der körperlichen und geistigen Lust findet, lebt zufrieden. Zugleich sieht Epikur seine Philosophie auch als praktische Lebenshilfe, die zu seelischer Beruhigung führen soll. In diesem Zusammenhang ist die Sicht Epikurs auf den Tod bezeichnend:

> Wenn wir da sind, ist der Tod nicht da, aber wenn der Tod da ist, sind wir nicht mehr.

Auch Goethe hat sich in höchst unterschiedlichen Zusammenhängen vielfach zum Thema Glück geäußert und sich immer wieder Gedanken dazu gemacht. Er sah in einer allzu intensiven Beschäftigung mit der Vergangenheit ein erhebliches Hindernis für positive Emotionen und Glücksgefühle. Für ihn gehört zum Glück unabdingbar dazu, vor allem aufmerksam durchs Leben zu gehen. Jeder Mensch, so Goethe, solle sich als einen Teil der Welt begreifen. Selbstverständlich stelle dieser Teil nur eine Winzigkeit im großen Ganzen der Welt dar, aber das Gefühl, in vielfältiger Weise mit diesem Ganzen verknüpft zu sein, trage erheblich zu unserer Zufriedenheit bei.

Bereits zu Goethes Zeiten wurden Hektik und ein gesteigertes Lebenstempo als beeinträchtigend für das individuelle Wohlgefühl empfunden. Das Aufkommen neuer Technologien wie die Dampfmaschine oder die Zeitung als Kommunikationsmedium wurden als Grund für eine beschleunigte Lebensweise angesehen. Dieser Entwicklung stand Goethe kritisch gegenüber. Ebenso war er ein Gegner „übertriebener Leidenschaften". Besser und zuträglicher sei es, sich zu mäßigen, da der Mensch auf diese Weise das Leben intensiver wahrnehme und spüre. Mäßigung sei ein probates Mittel, um Glücksgefühle zu steigern. Für Goethe ist das wahre Glück selbst gemacht. Dazu müsse man lediglich bestrebt sein, das „Böse", Negative, von sich zu stoßen und sich allein auf das Gute einzulassen, sich darauf konzentrieren. Dies erleichtere das Leben und erhöhe die Chancen eines jeden, Glücksgefühle zu erringen.

Die Gegenwartsanalyse mit kühner Prophetie zu verbinden, war schon immer ein Anliegen vorausschauender Menschen. Interessant ist, dass sich in der Geschichte ähnliche Situationen finden lassen, in denen die Gedanken einiger Menschen um einschneidende Veränderungen der gesellschaftlichen und psychologischen Veränderung kreisen. Ausgangspunkt dabei war ein ums andere Mal die Prämisse, dass es sich um einmalige, nicht wiederholbar Veränderungen handele. Grundlage der Entwicklung sollten immer größere soziale Freiheit, gleichmäßigere Besitzverhältnisse und eine größere Verantwortung für alle Mitmenschen sein. Nur dann, so die These, sei eine größere Zufriedenheit für alle Menschen möglich.

Die Wiederentdeckung der eigenen Innerlichkeit ist entscheidend für das persönliche Glücksgefühl. Dies hat bereits Walther Rathenau (1867–1922) festgehalten (Berglar 1987). Trotz der Mechanisierung der Welt ist die Reaktivierung des Seelischen von zentraler Bedeutung. Für Rathenau war die Mechanisierung der Gesellschaft mit einer Tendenz zur Globalisierung verknüpft, wobei er für die Mechanisierung nicht nur eine einzige Ursache wie etwa den Kapitalismus verantwortlich machte, sondern sie vielmehr als eine zwangsläufige Entwicklung innerhalb der Gesellschaft verortete. Ihm zufolge ist der Drang der Seele das Realste, das dem gedachten Absoluten gegenübersteht. In seinem Buch *Von kommenden Dingen* beschreibt er die Entwicklung der Globalisierung bereits als zwangsläufig für seine damalige Zeit. Dabei eröffnet die Konzentration auf das Seelische neue Sichtweisen auf die Realität und die Transzendenz. Beides verknüpfte er auf originelle Weise. Für ihn gehörten zum Glücksgefühl große soziale Freiheit, gleichmäßige Besitzverteilung und eine gerechte Staatsmacht. Die Entdeckung der eigenen Innerlichkeit kann, losgelöst von Ideologien, das Leben bereichern und zu einer Verbesserung der Gesellschaft führen. Nicht das erdachte Absolute steht im Vordergrund für die eigene Seele, sondern die tiefsinnigen Strukturen des Bewusstseins.

* * *

Macht Geld glücklich? Die Literatur und Statements zu diesem Thema sind schier unübersehbar – Philosophen, Politiker, Künstler, Autoren haben sich immer wieder dazu geäußert. Für sich allein genommen macht Geld natürlich nicht glücklich, doch ist es durchaus ein Mittel, unser Lebensglück bis zu einem gewissen Grad zu erhöhen.

Insbesondere die christliche Lehre betrachtet ein übersteigertes finanzielles Interesse und Gewinnstreben äußerst negativ und reiht es unter einer der sieben Todsünden ein. In der Philosophie divergieren die Aussagen hingegen erheblich. Aristoteles (384–322 v. Chr.), einer bedeutendsten griechischen Philosophen, geht neben vielen anderen Lebensbereichen auch auf die Thematik von Reichtum und Glück ein. Ihm zufolge ist Geld lediglich ein Mittel zum Zweck der Bedürfnisbefriedigung und bis zu einem bestimmten Grad geeignet, zu einem angenehmen Leben beizutragen. Wohlstand und Freigebigkeit erlauben es, so Aristoteles, Freundschaften zu pflegen und sich im sozialen Bereich durch Freigebigkeit Anerkennung zu verschaffen. Zugleich entdeckt er aber am Geld auch viele negative Seiten, die es immer im Blick zu behalten gelte. Denn falsche Gier belaste das Leben unnötig und lenke die Energien in die falsche Richtung.

Auch Immanuel Kant (1724–1804), einer der größten Philosophen überhaupt, sah die Geldgier kritisch. Zugleich erkannte er aber in ihr den Motor für den menschlichen Fortschritt. Der natürliche Hang zu Faulheit und Bequemlichkeit werde bis zu einem gewissen Maße durch das Streben nach materiellen Gütern, wenn nicht ganz verhindert, so doch eingehegt.

Jedes Streben nach Besitz stößt natürlich an Grenzen. Hiermit hat sich insbesondere der Wirtschaftsnobelpreisträger Daniel Kahnemann befasst. Die Zufriedenheit des Menschen nimmt zwar mit steigendem Einkommen zu, aber nur bis zu einem bestimmten Punkt. Bis zu einem Jahreseinkommen von 75.000 US-Dollar erhöht sich zwar die Zufriedenheit, aber alles, was drüber hinausgeht, hat keinen weiteren wesentlichen Effekt mehr auf unsere Glücksgefühle. Das Glück wird mitunter allerdings auch sehr stark davon beeinflusst, wenn Freunde, Nachbarn oder andere nahestehenden Person über ein höheres Einkommen verfügen. Das permanente Vergleichen lässt die Unzufriedenheit nachweislich ansteigen. Daher ist es unbedingt erforderlich, sich nicht einzulassen auf das Sich-Messen mit anderen. Es gilt, unsere eigenen Ziele und Vorstellungen zu erkennen und stärker in den Vordergrund zu rücken – unabhängig von anderen.

Ist Glück allein ausreichend? Reicht Glück für ein zufriedenes Leben aus oder fehlen wesentliche Elemente, wenn man sich nur auf das Glück konzentriert? Es geht um mehr im Leben als darum, sich lediglich glücklich zu fühlen. Bereits die Antike unterschied zwei Arten eines befriedigenden Lebens, den Hedonismus und die Eudämonie. Unter Hedonismus versteht man ein Leben, das durch Genuss und Freude bestimmt wird. Eudämonie hingegen bezeichnet ein sinnerfülltes und tugendhaftes Leben im Sinne philosophischer Tugend. Wir fühlen uns zutiefst zufrieden, wenn wir uns sozial verhalten und einen Sinn in unserem Leben finden. Erst wenn wir beides erreichen, nämlich Zufriedenheit *und* ein sinnerfülltes Leben, gelangen wir ein echtes glückliches Gefühl.

Es gibt Situationen, die mit Sorgen, sogar Ängsten befrachtet sind. Dennoch können wir darin einen Sinn erkennen und Befriedigung daraus beziehen. So ist die Kindererziehung zuweilen mit viel Mühe und Sorgen verbunden, zugleich geben Kinder liebenden Eltern aber einen großen befriedigenden Sinn – trotz mancher Widrigkeiten. Nur wenn

Leben als sinnvoll und sinnstiftend erlebt wird, erfahren wir echtes Glück. Gerade sinnerfüllte Menschen sind hoffnungsvoll und optimistischer. Jean-Paul Sartre schrieb einmal:

> Das Leben hat a priori keinen Sinn, es liegt bei Ihnen, ihm einen Sinn zu verleihen.

Auch das Gefühl der Zugehörigkeit vermittelt uns einen Lebenssinn, weil wir dann leichter für andere tätig werden können und Befriedigung daraus beziehen. Aber es gibt außerdem ebenso das Gefühl der kurzfristigen Verbundenheit mit anderen. Manchmal begegnen wir Menschen, mit denen wir sofort eine Gemeinsamkeit entdecken und denen wir am liebsten auf der Stelle einen Gefallen erweisen würden. Und auch wenn wir einen selbstlosen Beitrag für andere aufbringen, fühlen wir uns in unserem Handeln sinnvoll bestätigt. Daher rührt auch die Befriedigung, die aus ehrenamtlichen Tätigkeiten und sozialem Engagement bezogen wird.

Daneben ist das Gefühl der Transzendenz unter Umständen eine große Quelle der Befriedigung. Übergeordnete Ziele, die über unsere Bedürfnisse der Lebenswirklichkeit hinausgehen, können als zutiefst sinnstiftend wahrgenommen werden. Auch immer dann, wenn wir uns mit etwas verbunden fühlen, das größer ist als wir selbst und über uns hinausweist, fühlen wir uns zufrieden und sinnerfüllt. Dieses Gefühl des über etwas Hinausgehens lässt sich beispielsweise ebenso in der freien Natur erleben. Bereits die Betrachtung des Sternenhimmels vermag ein tiefes Empfinden in uns auszulösen.

Glückliche und unglückliche Momente oder Phasen durchziehen unser Leben. Dennoch lässt es sich trotz des Negativen als glücklich, sinnvoll und bedeutsam empfinden. Am wahrscheinlichsten erleben wir dieses Gefühl wohl, wenn Zufriedenheit und Sinnhaftigkeit eine geglückte Verbindung eingehen. Denn Glück allein reicht zumeist hierfür nicht.

* * *

Jeder Mensch hat mehrere Seiten, um seine Glücksvorstellungen zu erfüllen. Sind es die triebhaften Aspekte oder die rationalen Aspekte, die

Glücksgefühle hervorrufen? Beide Seiten sind manchmal nebeneinander aktiv und können sogar durchaus miteinander vereinbar sein. Denn nicht selten findet sich der Mensch auch als Mischwesen mit verschiedenen Seiten.

Jeder Mensch hält die ihm zufallenden Leiden und Schicksalsschläge für die allergrößten. Obwohl die nur zeitweise entstehenden Glücksgefühle häufig sehr kurz und vorübergehend sind, gibt es selbst im unglücklichsten Leben helle Stunden der Freude. Jedes Mal dann, wenn der Mensch seine triebhaften Seiten erkennt, ist er zugleich erschrocken. Er ahnt aber auch, dass daraus Glücksgefühle entstehen können. Gerade das Freie und Unzähmbare birgt Chancen in sich, die jeder Mensch spürt. Viele nehmen ihre Zwiespältigkeit wahr und versuchen, sich damit zu arrangieren. Wir erkennen, dass sich Glück und Leid die Waage halten, ohne dass wir häufig darauf Einfluss nehmen könnten. In einem jeden lebt etwas Göttliches und etwas Teuflisches, das zuweilen nur schwer zu erkennen ist. Und in einem jeden Leben gibt es Augenblicke voller Glück, die sich auch ausleben lassen. Gerade in der Kunst können wir uns über unsere eigene Existenz hinwegsetzen und über sie hinausgehen.

Glück und Freude werden in der Philosophie zuweilen sehr kritisch diskutiert, zumal Glück für ein sittliches Leben häufig nicht als entscheidend angesehen wird. Bequemlichkeit und Zufriedenheit sind für viele Philosophen gemeinhin kein erstrebenswertes Ziel. Viel eher wird das Glück sehr kritisch gesehen und manchmal sogar auch verachtet. Manche Denker sprechen auch von Glücksfeindschaft, denn das Streben nach Glück könne ihnen zufolge geradezu dazu führen, dass wichtigere und höhere Ziele im Leben aus dem Blick geraten und nicht erreicht werden. Von Freude und Glück, so die Auffassung, solle man sich nicht ablenken lassen, sondern sich wichtigeren, entscheidenden Erkenntnisfragen stellen.

* * *

Grundsätzlich unterscheidet man zwischen momentanen Glückswallungen, der Hedonie, und der Lebenszufriedenheit, der Eudämonie. Diese Unterscheidung ist bereits bei den griechischen Philosophen zu finden. Auch wurde immer wieder auf die enge Beziehung hingewiesen, die zwischen diesen beiden Bereichen besteht. Denn wer grundsätzlich zufrieden ist mit seinem Leben, verspürt automatisch auch häufiger Glücksmomente. Außerdem lässt sich immer wieder ein Zusammenhang zwischen dem Glücksempfinden und den sogenannten Big Five erkennen. Hierbei handelt es sich um fünf wichtige Persönlichkeitsmerkmale, die in der Psychologie eine zentrale Rolle spielen. Diese sind: Offenheit, Extraversion, Gewissenhaftigkeit, Verträglichkeit und Neurotizismus.

Pessimistische Menschen bezeichnen sich gerne als realistisch. Bei näherer Betrachtung zeigt sich aber, dass das Pessimistische nur einen kleinen Teil des Realistischen darstellt. Der große andere Teil des Realistischen, nämlich das Positive, wird bei dieser Sicht schlichtweg ausgeblendet. Irgendein negativer Aspekt lässt sich immer entdecken, die vielen positiven Aspekte aber werden einfach übersehen. Und hinzu kommt noch die Tatsache, dass jedes Scheitern unweigerlich mit einem Zugewinn an Einsicht verbunden ist, was durchaus Chancen und Bereitschaft für positive Erlebnisse eröffnet. Insofern sollten wir unser Scheitern auf jeden Fall annehmen und die Möglichkeiten, die es birgt, darin erkennen.

Wichtig ist es, unseren Zielsetzungen immer in kleine Zieletappen zu gliedern, um nicht vor dem großen Endziel unserer Bemühungen überfordert zu werden. Denn die meisten Menschen trauen sich neue Projekte nur deshalb nicht zu, weil ihre Zielsetzungen viel zu groß sind. Dadurch aber wird es von vornherein als zu schwierig empfunden, diese Ziele überhaupt jemals erreichen zu können – und ein Kapitulieren ist bereits im Vorfeld vorprogrammiert. Doch immer dann, wenn wir uns kleine Zwischenziele setzen, wird auch der Aufwand, diese anzustreben und einfach mit der Umsetzung zu beginnen, viel geringer. Haben wir aber erst einmal einen Anfang gemacht, motiviert uns der Erfolg, ein kleines Ziel erreicht zu haben und spornt uns zu weiteren Bemühungen und höheren Zielsetzungen an. Die vielen kleinen erfolgreichen Schritte bringen uns voran auf dem Weg, auch größere Ziele in Angriff zu nehmen.

Zu wirklichem Glück können wir nur durch ein tugendhaftes Leben gelangen – das haben fast alle Philosophen von alters her betont und damit immer wieder viele Anhänger gefunden. Das Glücksgefühl ist ständigen Veränderungen unterworfen. Bei einem Erfolgserlebnis empfinden wir uns selbst in dem Moment als sehr glücklich. Wenn wir dieses Erfolgserlebnis aber 45-mal wiederholen, lässt das Glücksgefühl nach.

Wir gewöhnen uns daran und die Gefühle werden nicht mehr so intensiv erlebt. Wer ständig auf der Suche nach großen Gefühlen ist, muss auch ständig nach neuen Erlebnissen Ausschau halten. Unsere Evolution hat Glücksgefühle geschaffen, damit wir schneller begreifen und lernen. Sobald wir Dinge zu häufig wiederholen, stumpfen wir unweigerlich ab und empfinden die Gefühle nicht mehr als so positiv. Die Evolution hat uns dazu bestimmt, ständig neue Erfahrungen zu machen und ständig neue Erlebnisse zu haben. Glücksgefühle ermöglichen uns dabei, schneller zu begreifen und auch schneller zu lernen. Demnach aber sind sie als Ausnahme vorgesehen und nicht als Regel. Von daher ist es sehr schwierig, permanent Glücksgefühle zu durchleben.

Für das Glücksempfinden spielen auch Freundschaften eine ganz wesentliche Rolle. Weder Reichtum noch Schönheit sind zentral für das Glück. Zum Glück gehört nämlich genauso, auch mit den Widrigkeiten des normalen Lebens umgehen zu lernen und uns klarzumachen, dass Widrigkeiten etwas ganz Normales sind und zu jedem Leben dazugehören.

Auch der ständige Vergleich mit anderen macht uns unzufrieden und beraubt uns des Glücks. Es wird immer Menschen geben, die uns in mancherlei Hinsicht überlegen sind, eben weil sie auf diesem Gebiet schlichtweg besser sind als wir. Das aber ist kein Grund, uns schlechter, minderwertiger zu fühlen, denn es gibt immer auch andere Aspekte, in denen wiederum wir besser sind und anderen gegenüber die Nase vorn haben. Überall finden Statuswettbewerbe statt, denen wir uns entziehen müssen. Haben wir dies erst einmal durchschaut, können wir uns auch unabhängig davon machen, ebenso wie von den psychologischen Auswirkungen, die ein Statuswettbewerb unweigerlich mit sich bringt. Dieser Statuswettbewerb, dieses ständige Vergleichen, lässt sich zum Beispiel auch durch die Wahl der richtigen Freunde vermeiden, oder zumindest verringern. Hilfreich ist zudem, sich neben dem Anerkennen, dass es immer Menschen gibt und geben wird, die uns in manchen Belangen überlegen sind, sich auch die Frage zu stellen, ob es überhaupt unser Ziel sein sollte, anderen ständig überlegen sein zu wollen und zu müssen. Sobald wir in dieser Hinsicht einen Bezugspunkt, eine Verankerung für uns selbst gefunden haben, werden wir in unserem Denken automatisch auch unabhängiger.

Häufig erlebt man auch Menschen, die den eigenen Status dadurch erhöhen, indem sie über Bekannte reden, die einen scheinbar höheren Status haben. Sie verleihen sich damit zugleich selbst mehr Bedeutung, indem sie sich mit der Wichtigkeit dieses Bekannten schmücken und so auch eine Identifizierungsmöglichkeit für sich selbst bieten. In diesem Zusammenhang ist es übrigens bemerkenswert, dass viele Erkenntnisse der griechischen und römischen Philosophen in erstaunlicher Weise die Erkenntnisse der modernen Glücksforschung widerspiegeln.

* * *

Unser Unterbewusstsein kann viele Dinge auf einmal wahrnehmen, integrieren und entschlüsseln, während unser Bewusstsein durchschnittlich nur sechs bis sieben Informationen gleichzeitig wahrzunehmen in der Lage ist, also wesentlich weniger als unser Unterbewusstsein. Sofern wir demnach in der Lage sind, den Zugang zu unserem Unterbewusstsein zu verbessern, können wir auch viel mehr erkennen, als wir vermuten. Die Psychoanalyse nach Sigmund Freud hat einen sehr tiefen Zugang zum Unterbewusstsein geschaffen. Sie hat auch nachgewiesen, dass wir unserem Unterbewusstsein mehr vertrauen und große Teile aus dem Unterbewusstsein in das Bewusstsein führen können.

Viele Menschen weisen ihr unbewusstes Wissen mittels des Verstandes zurück. Dies aber schränkt unsere Möglichkeiten von vornherein ein und vermindert Erkenntnisgewinne. Freiheit und innere Ruhe sind die wichtigsten Voraussetzungen für das Glücksgefühl. Dies jedoch lässt sich nur erreichen, wenn wir eigenständig denken und uns zugleich auch auf unser Unterbewusstsein verlassen. Wir müssen uns auch immer wieder klarmachen, was uns wirklich wichtig ist, welche Werte wir haben und welche Ziele wir im realen Leben erreichen wollen.

Auch der richtige Umgang mit Stress trägt erheblich zu unserer Zufriedenheit und zu unserem Glück bei. Es ist unmöglich, Stress immer zu vermeiden, aber wir können lernen, adäquat mit dieser Situation umzugehen und den Stress damit auch rasch hinter uns zu lassen. Ebenso entsprechen unsere eigenen Überzeugungen nicht immer objektiven Gegebenheiten und Tatsachen, die uns umgeben, da wir in unserem Leben sehr vielfältigen Einflüssen ausgesetzt sind. Überzeugungen und

Tatsachen können sich durchaus widersprechen, was uns selbst nicht bewusst ist. Dies wiederum erzeugt dann entweder Zufriedenheit oder aber Stress, für dessen Ursache wir keine Erklärung haben. Vorurteile und Narzissmus verleiten nicht wenige Menschen dazu, an Überzeugungen festzuhalten, die nicht mit der Realität übereinstimmen. Dies gilt es zu erkennen, um uns davon nicht beeinflussen zu lassen. Viele unserer Zeitgenossen sind derart gefangen in ihren negativen Überzeugungen, dass ihnen der Zugang für positive Sichtweisen regelrecht versperrt ist.

Wissenschaft wie Politik lancieren immer wieder Auffassungen, die scheinbar zutreffend sind. Erst im Rückblick stellt sich dann heraus, dass selbst anerkannte Experten sich in ihrer Einschätzung geirrt hatten, während gegenteilige Auffassungen verspottet wurden, die sich erst im Nachhinein als richtig erwiesen haben. Es ist also sinnvoll, die eigenen Überzeugungen immer wieder zu hinterfragen und auf den Prüfstand zu stellen, um zu erkennen, ob sie tatsächlich nützlich oder doch eher hinderlich für einen selbst sind. Bei erfolgreichen Menschen fällt immer wieder ihre positive Einstellung zum Leben auf. Sie erblicken in allen Gegebenheiten Chancen und Möglichkeiten für neue Erfahrungen und Wissenserweiterung. Pessimisten hingegen betrachten die Welt stets aus einem eingeschränkten Blickwinkel und hemmen damit ihre Eigeninitiative, wodurch sie neue Möglichkeiten von vornherein ausschließen, während Optimisten sich lieber auf unbekannte Situationen einlassen, um neue Erfahrungen zu machen. Ein jeder Pessimist sollte daher seine eigenen Überzeugungen hinterfragen und überlegen, ob er nicht auch für eine positive Sichtweise offen ist.

Auch das Reisen kann uns neue Möglichkeiten eröffnen, da wir dabei lediglich überschaubare Risiken eingehen, zugleich aber neue Erfahrungen machen und neue Einsichten gewinnen. Bloß wenn wir ständig offen sind und bleiben für Neues, erweitern wir unseren Horizont und heben die unnötige Einschränkung unserer Wahrnehmung auf.

Eine negative Grundstimmung wirkt sich nicht selten auch auf die eigene Gesundheit nicht förderlich aus, da sie unnötigen Stress in uns erzeugt und uns unter Druck setzt. Ein Mensch mit einer überwiegend negativen Sichtweise überschätzt potenzielle Gefahren bei Weitem und schränkt zugleich sein Bewusstsein für eine positive Gestimmtheit ein. Nur Menschen, die es akzeptieren, dass es Siege *und* Niederlagen geben kann, gelangen auch zu Erfolgen. Pessimisten hingegen, die sich erst gar nicht Aktivitäten zutrauen, können auch nie neue Erfahrungen und Erfolgserlebnisse gewinnen. Gerade erfolgreichen Menschen gelingt es sehr leicht, sich aus ihren gewohnten Mustern zu lösen, um sich neue Chancen zu eröffnen. Das Scheitern wird nicht negativ gesehen, sondern als wesentlicher Schritt zum Erfolg. Nur wer das Scheitern akzeptiert, hat die Initiative zum Erfolg. Das Scheitern gehört genauso zum Leben, wie der Erfolg. Wichtig ist nur zu erkennen, dass Scheitern häufig die Voraussetzung für den Erfolg ist. Je öfter wir scheitern, desto mehr lernen wir auch. Und je mehr wir lernen, desto erfolgreicher können wir auch sein. Die positive Einstellung zum Scheitern hilft uns, neue Erfahrungen zu sammeln, die dabei helfen, Erfolge zu erzielen. Eine positive Einstellung zum Scheitern erhöht demnach unsere Chancen ganz wesentlich.

* * *

Der Vorwurf, den die Gegner Epikurs ihm immer wieder machten, war: Seine Lehre sei ein Aufruf zu hedonistischer Genusssucht. Für Epikur selbst besteht die Lust aber in der Erlösung von allen seelischen und körperlichen Schmerzen. Dies alles sieht er im Zusammenhang mit einer Reflexion über das Wesen des Göttlichen, des Kosmos und des Menschen selbst. Er geht davon aus, dass der Mensch keinen Anlass hat, in unnötiger Weise die Angst und Unruhe zum Mittelpunkt seines Lebens zu machen. Die Voraussetzung für ein lustvolles Leben ist für ihn vielmehr die Erlösung von seelischem Leid. Schmerz lässt sich Epikur zufolge zwar nie ganz vermeiden, dennoch und zugleich solle man sich aber immer dessen bewusst sein, dass die meisten Schmerzen vorübergehend sind. Insbesondere dann, wenn sich die Seele eine gewisse Angstfreiheit verschafft hat, ließe sich auch mit Schmerzen besser umgehen.

Für Epikur erlischt mit dem Tod die Wahrnehmung, ergo müsse der Mensch auch keine Angst vor dem Lebensende haben. Ein lustvolles Leben ist für ihn aber auch nur dann möglich, wenn der Mensch edel und gesittet ist und die Ethik ausschlaggebend ist für seinen Lebenswandel. Nur der tugendhafte Mensch kann zu wahrem Glück gelangen, denn Voraussetzung für sein lustvolles Empfinden ist seine ethische Haltung. Wenn der Geist frei ist von Unruhe, kann auch der Körper weitgehend frei von Schmerzen sein. Dabei sollte die Lust immer dann eingeschränkt werden, wenn sie zu viel Belastendes mit sich bringt. Nicht jeder Schmerz lässt sich vermeiden, aber entscheidend ist der richtige Umgang mit ihm. Auch Überfluss erzeugt zuweilen großen Schmerz und Leiden, nämlich dann, wenn der Überfluss zu noch größeren Begierden führt. Gut ist die Lust immer dann, wenn durch sie Empfindungen entstehen, ohne dass damit Schmerzempfindungen verbunden sind. Zuweilen lässt sich der Lustgewinn sogar auch steigern, indem man auf Lust verzichtet. Dennoch kann eine übertriebene Selbstgenügsamkeit aber dazu verleiten, die echten Bedürfnisse der Natur zu überhören. Grenzenlose und eitle Begierden haben jedoch häufig zur Folge, dass ein tiefsinniges Lustempfinden verloren geht. Freundschaften stellen eine wichtige Quelle der Lust dar, da sie Anerkennung ebenso ermöglichen wie ein ethisches Handeln. Zugleich gilt es, die Möglichkeiten eines Rückzugs zu erkennen, da mit ihm Gelassenheit und Ruhe einkehren können. Daher sollte man sich unbedingt immer die Freiheit bewahren, sich auch zurückziehen zu können. Auch die vermittelte Gerechtigkeit führt zu einer großen inneren Ruhe. Jedem Lustempfinden muss zudem immer auch eine gesunde Portion Verstand beigemischt sein, um es wirklich genießen zu können.

Selbst die größten Reichtümer und die höchste Wertschätzung durch andere können in bestimmten Situationen keine Glücksgefühle hervorrufen, und zwar immer dann, wenn diese Aspekte unmäßig sind und übertrieben werden. Demnach sollten wir jedem Reichtum auch Grenzen setzen, um auf diese Weise mehr Unabhängigkeit und Freiheit zu erlangen. Grenzenlose Ängste und Begierden bereitet man sich zumeist selbst. Die Vorstellung des Vergänglichen kann uns dazu anspornen und motivieren, übersteigerte Bedürfnisse zu reduzieren. Und ein Kardinalfehler, der dem Glück auf jeden Fall im Wege steht ist, immer schon ausschließlich das zukünftige Gute im Blick zu haben und sich ganz darauf zu fokussieren, statt das Faszinierende des Gegenwärtigen zu erkennen.

Übertriebener Genuss führt, wie schon gesagt, zu Unlust. Doch der Mensch ist in der Lage, die Intensität seiner Lustempfindungen zu steuern. Gerade rationale Handlungen können emotionale Zustände, die wir anstreben, bewirken. Daher sollten wir die Vernunft dazu bewusst und gezielt einsetzen.

Jeder Mensch wird geprägt von der Wahrnehmung seiner Umwelt und von der Wahrnehmung seines Seelenzustandes. Seine Rationalität kann auch sein Lustempfinden steuern. Der Körper sollte von Schmerzen befreit und die Seele sollte beruhigt werden, feste Regeln gibt es dabei nicht. Für Epikur lässt sich Glück nur durch den Gebrauch des eigenen Verstandes erreichen, denn nur dann wird das Lustempfinden gesteuert und in vernünftige Bahnen gelenkt. Die Begierden sollte man also in eine gewünschte Richtung lenken und den Verstand dabei als wesentliches Beeinflussungsmittel einsetzen.

Ein Inselbewohner aus Tahiti sagte Anfang 2019 in einem Gespräch unter anderem, dass wir alle Menschen als nahe Verwandte ansehen müssen. Es sei falsch, zwischen Fremden und Verwandten einen Unterschied zu machen. Alle Menschen seien Brüder und Schwestern und müssten sich auch so begegnen und entgegenkommen. Sein Vater war Bürgermeister eines Ortes. Dieser hatte ihm immer eingeschärft, dass Eigentum völlig unwichtig sei. Selbst wenn man Grundstücke besäße, müsse man diese auf Wunsch weitergeben, ohne Geld dafür zu verlangen. Im Grunde genommen gäbe es gar kein Eigentum, das Eigentum sei eigentlich etwas Unnatürliches, das das menschliche Zusammenleben behindert. Auch sei es völlig falsch zu arbeiten, da man dadurch seine Zeit vertue. Wichtig sei es vielmehr, im Augenblick zu leben, nicht an morgen zu denken oder gar auf lange Zeit im Voraus. Essen ließe sich jederzeit beschaffen, indem man Fische fängt und sich damit versorgt. Ein Essen am Tag sei völlig ausreichend, er selbst esse immer vormittags und habe dann für den Rest des Tages kein weiteres Bedürfnis mehr, Nahrung zu sich zu nehmen.

Zudem betonte dieser Mann die Wichtigkeit, den engen Kontakt zu Verstorbenen zu halten. Noch bis vor zwei Jahren seien enge Verwandte im eigenen Haus beerdigt worden, dann sei es leider verboten worden. In seinem Haus habe er weder Elektrizität noch fließendes Wasser, frisches Wasser könne er problemlos jederzeit aus einem kleinen Fluss schöpfen.

Außerdem bedeutsam sei es für ihn, heilige Orte aufzusuchen. Mit seinem Horn könne er dann die Seelen anderer Menschen öffnen und Kontakt zu seinen Göttern aufnehmen. Für ihn gebe es mehrere Götter, für das Meer, den Himmel, den Wald. Sein Glück und seine Zufriedenheit beziehe er aus der Konzentration auf den Augenblick. Außerdem sei für seine eigene Zufriedenheit die Beziehung zu anderen Menschen wesentlich. Die Loslösung von materiellem Denken führe ihn zu einer Befreiung und einer glücklichen Lebensweise.

* * *

Das Glück hat für jeden Menschen eine andere Bedeutung. Für den einen ist es die Familie, für den anderen ein spontanes Erlebnis, für den dritten wieder etwas anderes. In diesem Zusammenhang hat sich Epikur die Frage gestellt: Wer bin ich, woher komme ich und wie werde ich glücklich?

Epikur wurde im Jahre 341 vor Christus geboren. Die überlieferten Quellen von ihm sind rar, die Diskussion über seine Philosophie ist aber hochaktuell. Da, so Epikur, vieles nicht sinnlich wahrnehmbar ist, muss es also gedanklich erschlossen werden. Worin nun besteht für Epikur die Zielvorstellung eines glücklichen Lebens?

Jeder Mensch hat Bedürfnisse, die er befriedigen möchte. Jeder Mensch hat auch Begierden, deren Erfüllung ihm wichtig für sein Glück zu sein scheinen. In diesem Zusammenhang erlangt der Begriff Lust eine zentrale Bedeutung. Freude und Fröhlichkeit können sich auf Lust beziehen, müssen aber nicht immer mit Lust zusammenfallen. Auch die Abwesenheit von Schmerz erkennt Epikur als wesentlich für den Zustand der Lust. Für ihn nimmt die Befreiung von körperlichem Schmerz und seelischer Unruhe einen hohen Stellenwert ein. Als negativ bewertet er ein ausschweifendes Leben von Menschen.

Den höchsten Grad der Lust stellt die Vernunft dar. Sie ist die rationale Ebene, die für alles Streben und alles Vermeiden entscheidend sein sollte. Nur *der* Mensch kann lustvoll leben, der zugleich vernünftig *und* gerecht handelt. Die Vernunft erst ermöglicht also die Lust, die Lust bedarf demnach der Vernunft. Daraus folgt, dass der Mensch bei all seinem Tun immer abwägen und überlegen sollte, ob sein Streben nach Lust seinen Vernunftprinzipien entspricht. Insofern versteht sich Lust demnach immer auch als Vermeidung von Schmerz.

Nicht jede Lust sollte also erstrebt werden wie auch nicht jeder Schmerz vermieden werden sollte. Denn es gibt ein Luststreben, das noch größeren Schmerz verursachen kann und auf der anderen Seite gibt es auch Schmerzen, die durchaus sinnvoll sein können. Das Leben lässt sich also weder durchgängig lustvoll verbringen, noch durchgängig schmerzfrei gestalten. Der Wechsel von Lust und Schmerz ist somit völlig natürlich und sollte akzeptiert werden. Auch aus Schmerz kann manchmal eine Lust entstehen.

Literatur

Zitierte Literatur

Aristoteles. 2019. *Philosophische Schriften in sechs Bänden*, Hrsg. v. Günter Bien, Wolfgang Detel, Claus Corcilius, Hermann Bonitz, und Eugen Rolfes. Hamburg: Felix Meiner.
Berglar, Peter. 1987. *Walther Rathenau. Ein Leben zwischen Philosophie und Politik*. Graz/Wien/Köln: Styria.
Buchheim, Thomas, et al., Hrsg. 2003. *Kann man heute noch etwas anfangen mit Aristoteles?* Hamburg: Felix Meiner.
Dietzsch, Steffen. 2003. *Immanuel Kant. Eine Biographie.* Leipzig: Reclam.
Eckermann, Johann Peter. 2011. *Gespräche mit Goethe.* Hrsg. v. Christoph Michel unter Mitwirkung von Hans Grüters. Frankfurt a. M.: Ideenbrücke.
Epikur. 1988. *Philosophie der Freude. Eine Auswahl aus seinen Schriften.* Übers., erläutert und eingeleitet v. Paul M. Laskowsky. Frankfurt a. M.: Insel.
Epikur. 2005. *Wege zum Glück.* Hrsg. u. übers. von Rainer Nickel. Düsseldorf/Zürich: de Gruyter.
von Goethe, Johann Wolfgang. 2018. *Italienische Reise.* Frankfurt a. M.: Europäischer Literatur.
Höffe, Otfried. 2007. *Immanuel Kant*, 7. Aufl. München: C. H. Beck.
Marc Aurel. 2009. *Wege zu sich selbst.* Hrsg. v. C. Cleß. o.O.: Nikol.
Marc Aurel. 2019. *Selbstbetrachtungen.* Übers. u. Hrsg. v. Genot Krapinger. Stuttgart: Reclam.
Sartre, Jean-Paul. 1998. *Briefe an Simone de Beauvoir und andere. 1940–1963.* Hamburg: Rowohlt.
Seneca. 1960. *Moralische Briefe. Ausgewählt und übers. v. Hermann Martin Endres.* München: Goldmann.
Seneca. 2009. *Vom glücklichen Leben.* Übers. v. Otto Apelt. Wiesbaden: Marix
Spierling, Volker. 2010. *Kleines Schopenhauer-Lexikon.* Ditzingen: Reclam.

6

Glück und Optimismus

„Das Glück im Leben hängt von den guten Gedanken ab, die man hat."
Marc Aurel 121–180 n.Chr.

Immer wieder begegnen uns Menschen, die eine Vielzahl von positiven Gedanken haben, optimistisch auf uns wirken und gewissermaßen positive Energien verströmen. Im Gegensatz dazu gibt es aber auch solche Zeitgenossen, die ständig herumnörgeln und ihre Mitmenschen abwertend und negativ beurteilen – nicht zuletzt sich selbst übrigens häufig auch!

Positive Gedanken wirken auf unsere Gemütslage ein und können uns optimistisch stimmen. Wer denkt und nach oben schaut, beeinflusst sich selbst unweigerlich auf angenehme Art. Das Gefühl, frei, souverän und unabhängig zu leben, erhöht ganz automatisch unsere Lebensqualität oder befähigt uns, wie Stefan Zweig einmal gesagt hat, „sich selber zu leben, frei zu sein und immer freier zu werden". Natürlich ist dieses positive Denken nicht alles, sondern auch unsere sozialen Beziehungen tragen zu unserem Wohlbefinden bei und sind für ein glückliches Leben unerlässlich: die Familie beispielsweise, Freunde, gute Bekannte. Dann erweitern wir unsere Möglichkeiten, vertrauliche Gespräche zu führen und Anerkennung und Wertschätzung zu erhalten.

Aber nicht nur die äußeren Umstände bestimmen, ob wir ein erfolgreiches und befriedigendes Leben führen, sondern vor allem unsere innere Haltung, unsere Gedanken und Überzeugungen können uns in hohem Maße positiv beeinflussen. Und, das sei sofort angefügt, gehören natürlich zu unserem Leben nicht nur positive Gedanken und Gefühle, sondern auch Enttäuschungen, Scheitern und Trauer. Was jedoch entscheidend ist, ist die richtige Mischung von positiven Emotionen und negativen Gefühlen. Sobald eine der beiden Seiten die Oberhand gewinnt, bewegen und beeinflussen wir uns selbst höchstwahrscheinlich in die verkehrte Richtung.

Auch die Hilfsbereitschaft und Unterstützung für unsere Mitmenschen trägt zur Zufriedenheit nicht nur anderer, sondern auch von uns selbst bei. Die durch unser Verhalten erfahrene Dankbarkeit stärkt uns und motiviert uns zudem, solche positiven Verhaltensweisen fortzusetzen. Deshalb sollte man das eigene Streben nach Glück zugleich immer auch verbinden mit einem verantwortungsvollen Handeln gegenüber anderen. Im Einsatz für unsere Mitmenschen lernen wir, den eigenen Narzissmus zu überwinden und mit neuen, anderen Sichtweisen in Berührung zu kommen Ein rein egoistisches Glücksstreben nämlich kann uns rasch in ungute Bahnen lenken, da wir den Blick für andere verlieren.

Allerdings: Kompromisslos nur immer alles positiv zu sehen, kann auch nicht der Schlüssel zu unserem Glück sein. Dann nämlich würden wir wichtige Bereiche unseres Lebens ausklammern oder uns die Welt einfach nur rosarot malen. Es gibt sogar Menschen, die sich zum Glücksstreben geradezu verpflichtet fühlen – und sich dann nicht einmal mehr trauen, überhaupt noch irgendwelche negativen Ansichten zu äußern. Das aber ist wirklich keine Lösung zum Glücklichsein, sondern schlichtweg das Sich-Verschließen vor der Realität mit all ihren Facetten.

Glück und positive Gefühle haben Einfluss auf unser gesamtes Leben. Eine bejahende, optimistisch Stimmung wirkt sich auf unser Denken und unser Handeln positiv aus und kann zudem auch unserer Gesundheit förderlich sein. Wie Untersuchungen gezeigt haben, hatten Menschen, die mit zwanzig Jahren überdurchschnittlich positiv gestimmt waren, auch eine höhere Lebenserwartung. Ebenso lebten ältere Menschen, die sich selbst als glücklich einschätzten, im Schnitt sieben bis acht Jahre länger. Auch sind glückliche Menschen durchweg weniger anfällig für Krankheiten – kein Wunder, werden doch bei Menschen mit einer glücklichen Gemütslage in der Regel mehr Glückshormone ausgeschüttet, die stärkend auf das Immunsystem wirken.

Insgesamt hebt ein gesunder Lebensstil die positive Stimmung, sei es beispielsweise der Sport oder sei es eine bewusste Ernährung. Das Glück unterstützt also nachgewiesenermaßen die körperlichen Abwehrkräfte und ist somit der Gesundheit zuträglich. Zugleich erweitert sich zudem das Handlungs- und Gedankenrepertoire glücklicher Menschen erheblich. Sie sind flexibler, spontaner und in der Lage, Situationen besser zu bewältigen. Auch die Wahrnehmungsfähigkeit wird durch positive Emotionen verstärkt, einhergehend mit der Aufgeschlossenheit für Neues. Zudem werden negative Erfahrungen nicht selten durch eine positive Grundstimmung relativiert und wirken sich daher nur in abgeschwächter Form auf das weitere Leben aus.

Auch die Bedeutung von Religiosität und Spiritualität auf das persönliche Glücksempfinden wird immer wieder angeführt. Allerdings verknüpfen in der Philosophie nicht wenige Denker positive Emotionen mit dem Vorbehalt, durchaus erkenntnishemmend wirken zu können. Besonders Kant wies mit Nachdruck auf die Tatsache hin, dass sich Emotionen und objektive Erkenntnis konträr gegenüberstehen. Untersuchungen zeigen allerdings, dass sich Emotion und Kognition nicht trennscharf voneinander scheiden lassen. Beides beeinflusst sich gegenseitig. Von diesem Ansatz aus gesehen sind positive Emotionen also durchaus förderlich für das Erkenntnisvermögen und die Erweiterung von Wahrnehmungsfähigkeit.

Überdies ist als zusätzlicher Aspekt einer positiven Grundstimmung zu benennen, dass das Lernen in einer solchen Disposition wesentlich leichter fällt und wesentlich schneller und effizienter gelingt. Unser Gehirn ist so beschaffen, dass es gern neue Information aufnimmt. Positive Emotionen begünstigen dabei die Aufnahme, Verarbeitung und Memorierung neuen Wissens. Genauso wie Angst das Denken und Handeln lähmt, wird es durch eine glückliche Grundstimmung gefördert und unterstützt. Sogar bereits das nur kurzfristige Hören angenehmer klassischer Musik kann dazu führen, dass die darauffolgende Verarbeitung von

Informationen deutlich besser gelingt. Die mit positiven Emotionen einhergehende Dopaminausschüttung begünstigt auch die Gedächtnisleistung und das Assoziationsvermögen.

Glückliche Menschen handeln in aller Regel deutlich hilfsbereiter und unterstützender anderen gegenüber, was wiederum dazu führt, dass glückliche Menschen auch viel häufiger positive Emotionen und positives Verhalten empfangen.

Eine positive Disposition steigert die eigene Produktivität. Untersuchungen haben immer wieder ergeben, dass das Einkommen zwar sehr stark mit der Ausbildung, zugleich aber auch mit dem Wohlbefinden korreliert. Epiktets Diktum: „Die Dinge sind nicht so, wie sie sind, sondern wie wir sie wahrnehmen", macht deutlich, wie stark unsere Sichtweise uns selbst beeinflusst.

Glücksempfindungen sind immer auch im Zusammenhang mit einem Belohnungssystem unseres Gehirns zu sehen. Dahinter steht nicht zuletzt auch die Absicht der Evolution, unsere Reproduktionsaufgaben zu erfüllen, um unser Überleben zu garantieren. So setzt dieses Belohnungssystem beim Sex sehr stark ein. Ebenso lässt sich ein positives Sozialverhalten anderen gegenüber evolutionspsychologisch gut begründen. Altruistische Verhaltensweisen haben mit hoher Wahrscheinlichkeit auch positive Reaktionen zur Folge. Menschen helfen sich gegenseitig und erhalten damit gegenseitig eine hohe, positiv stimulierende Belohnung. Es zeigt sich zudem immer wieder, dass greifbare, kurzfristige Zielsetzungen einen sehr positiven Einfluss auf unser Belohnungssystem haben. Die Wahrscheinlichkeit von Fortpflanzung und lebenserhaltenden Tätigkeiten ist in einer positiv besetzen Lebensatmosphäre höher als in einer depressiven Stimmung und in einer egoistischen Haltung. Dies belegt den engen Zusammenhang von Glück und positiver Grundstimmung.

* * *

Glück und Glücksgefühle wirken sich auf unser gesamtes Leben aus. Eine zuversichtliche Grundeinstellung wird unser Denken und Handeln positiv beeinflussen. Auch die körperliche Gesundheit profitiert davon. Wissenschaftliche Studien haben ergeben, dass Menschen, die im Alter

6 Glück und Optimismus

von zwanzig Jahren überdurchschnittlich positiv gestimmt waren, auch eine höhere Lebenserwartung hatten. Und ältere Menschen, die das eigene Leben glücklicher einschätzten, lebten im Schnitt sieben bis acht Jahre länger. Zudem berichten glückliche Menschen auch immer wieder von weniger Krankheiten, denn in einer glücklichen Stimmung wird beim Menschen in der Regel mehr Immunologie ausgeschüttet, das Immunsystem wird also gestärkt. Auch das Hören von angenehmer Entspannungsmusik wirkt sich übrigens körperlich positiv auf das Hormonsystem aus. Insgesamt steigert ein gesunder Lebensstil die positive Stimmung, sei es beispielsweise nun Sport oder bewusste Ernährung. Demnach stärkt das Glück also das Immunsystem und ist der Gesundheit förderlich.

Zugleich wird auch das Handlungs- und Gedankenrepertoire von glücklichen Menschen erheblich vergrößert. Solche Menschen sind flexibler, spontaner und können Situationen besser bewältigen. Die Wahrnehmungsfähigkeit wird durch positive Emotionen erweitert, die Motivation, Neues aufzunehmen, nimmt zu. Zudem relativiert eine optimistische Grundstimmung negative Erfahrungen. Diese wirken sich in der Folge nur noch in abgeschwächter Form auf das weitere Leben aus.

Es ist vielfach festgestellt worden, dass Lernen in einer positiven Atmosphäre wesentlich leichter fällt und auch schneller vonstattengeht und zu Erfolgen führt. Unser Gehirn ist so beschaffen, dass es begierig ist, neue Informationen aufzunehmen. Positive Emotionen können somit den Lernprozess erheblich begünstigen und erleichtern. Denn genauso, wie uns Angst in unserem Denken und Handeln lähmt, kann uns ein Glücksgefühl fördern und unterstützen. Sogar bereits nur ein kurzfristiges Hören von angenehmer klassischer Musik kann dazu beitragen, dass wir Informationen anschließend rascher aufnehmen und besser behalten. Denn mit positiven Emotionen werden gleichzeitig Dopamine im Blut ausgeschüttet, die sich auf unsere Gedächtnisleistung und unser Assoziationsvermögen förderlich auswirken.

Glückliche Menschen sind in der Regel hilfsbereiter und eher bereit, andere Menschen zu unterstützen. Dies bewirkt, dass glücklichen Menschen positive Emotionen und Entgegenkommen automatisch weit häufiger zuteilwird.

Auch die eigene Produktivität wird durch Glücksempfinden gesteigert. In verschiedenen Untersuchungen zeigt sich immer wieder eine enge Korrelation zwischen Einkommen und Ausbildung, zugleich aber auch zwischen Produktivität und dem Wohlbefinden des betreffenden Menschen.

Zufriedene und glückliche Menschen begeben sich automatisch deutlich häufiger in ein zufriedenes und glückliches Umfeld als ihre eher negativ gestimmten Mitmenschen. So erhalten sie auch hier wiederum weitere verstärkende positive Emotionen. Ebenso fällt die Einschätzung von Situationen, also die Attribuierung, wie es in der Psychologie heißt, bei glücklichen Menschen spürbar positiver aus – was wiederum das Selbstwertgefühl und Optimismus steigert.

Die Frage, ob glückliche Menschen die Welt nicht schlichtweg durch eine rosarote Brille sehen, während der eher negativ gestimmte Mensch eine viel realitätsgerechtere Sicht der Dinge hat, wird oftmals gestellt. Sind glückliche Menschen also vielleicht sogar realitätsfern? Abschließend beantworten lässt sich dies nicht und fraglos ist für ein Überleben eine realitätsgerechte Sicht erforderlich. Eine allzu positiv eingefärbte Sicht kann also durchaus auch erhebliche Nachteile mit sich bringen. Demgegenüber aber sind die positiven Auswirkungen einer optimistischen Sicht offenkundig und für das eigene Leben äußerst hilfreich. Wenn wir beispielsweise bemerken, dass wir ein angestrebtes Fernziel nicht erreichen können, ist es manchmal die deutlich bessere Lösung, sich mit dem Misserfolg nicht allzu lange zu beschäftigen, da diese Gedanken uns durchaus lähmen können.

Beim Glück handelt es sich immer auch um ein Belohnungssystem unseres Gehirns. Als Erklärung hierfür wird die Absicht der Evolution herangezogen, unsere Reproduktionsaufgaben zu erfüllen und unser Überleben zu garantieren. Das positive Sozialverhalten unseren Mitmenschen gegenüber lässt sich ebenfalls evolutionspsychologisch gut begründen. Handeln wir altruistisch, erhalten wir mit hoher Wahrscheinlichkeit auch positive Reaktionen zurück. Hilfe füreinander erzeugt also Belohnung. Es zeigt sich zudem immer wieder, dass sich greifbare, kurzfristige Ziele auf unser Belohnungssystem äußerst positiv auswirken. So ist die Wahrscheinlichkeit von Fortpflanzung und lebenserhaltenden Tätigkeiten in einer positiven Lebensatmosphäre spürbar größer als in einer depressiven Gefühlslage und in einer egoistischen Haltung. Insofern ist es nicht von der Hand zu weisen, dass Glück, Glücksgefühle, positive Gestimmtheit in der Natur des Menschen von großer Bedeutung sind. Philosophie und Wissenschaft haben dies immer wieder beschrieben und diskutiert. Dass es hierzu auch Gegenmeinungen gibt, schmälert nicht die positive Erkenntnis.

Optimismus inspiriert uns zu Initiativen und verbessert die zwischenmenschliche Kommunikation. Mit einem solchen Optimismus einhergehen können allerdings auch negative Auswirkungen, nämlich dann, wenn er zur Selbstüberschätzung führt. Jedenfalls aber haben Optimisten mehr Freunde, sie leben länger und gehen achtsamer mit ihrer Gesundheit um. Optimistische Menschen finden sich auch besser mit Problemen ab, sie ergreifen die Initiative und kommen rasch zu Lösungen. Optimisten schreiben sich den Erfolg selbst zu und deuten Misserfolge als zufallsbedingt. Ein Übermaß an Optimismus kann allerdings auch zu einem Realitätsverlust führen, insofern ist ein „mittlerer Grad von Optimismus" optimal.

Die Stärke des Optimismus spiegelt sich auch in der Ausweitung der positiven Psychologie wider, die ihren Ausgang vor anderthalb Jahrzehnten in den USA hatte und sich dann weltweit verbreitete. Natürlich gibt es auch eine optimistische Verzerrung, die mit der Realität kollidiert. Ebenso gibt es aber auch eine pessimistische Verzerrung, die unrealistisch ist und das Leben schwieriger macht. Von daher ist es sehr gut, ein richtiges Maß an Optimismus zu finden und so mit einer positiven Auffassung einen konstruktiven Blick in die Zukunft zu entwerfen.

Optimistisch sind wir auch immer dann, wenn es um Dinge geht, die wir selbst in der Hand haben und meinen, kontrollieren zu können. So sind die meisten Menschen davon überzeugt, überdurchschnittlich gute Autofahrer zu sein, da sie scheinbar alles dabei „im Griff haben". Interessant auch: In einer Untersuchung wurde nachgewiesen, dass bei rasch aufgeblätterten Porträtfotos das eigene schneller identifiziert und erkannt wird, wenn es zuvor mittels Software geschönt wurde. Dies zeigt, dass wir in der Regel eine optimistische Sicht von uns selbst haben. Ebenso verschönt und verdichtet unser Gedächtnis Zurückliegendes. In der Erinnerung trachten wir danach, stimmige Geschichten mit entsprechenden Höhepunkten festzuhalten.

Vielen Menschen ist eine angeborene Zuversicht in die Wiege gelegt, was für sie sehr vorteilhaft ist. Und darunter gibt es sogar solche, die behaupten, sich bewusst selbst zu überschätzen, um andere besser täuschen zu können. Die meisten von uns verfügen über eine moderat optimistische Verzerrung. So ist auch immer wieder zu hören, dass Menschen glücklich, gesund und erfolgreich sind, wenn sie nur fest daran glauben. Natürlich lässt sich dies nicht generalisieren, aber ein Körnchen Wahrheit ist sicherlich daran.

Menschen mit einer positiven Grundstimmung leben im Schnitt länger als ihre eher pessimistisch gestimmten Zeitgenossen. Interessant in diesem Zusammenhang ist auch das Ergebnis einer Untersuchung, bei der den Probanden zuvor unauffällig positiv besetzte Wörter wie „schlau" und „begabt" präsentiert wurden. Die anschließenden Denkaufgaben wurden von ihnen im Schnitt besser gelöst als bei der Kontrollgruppe.

Es gibt eine Reihe von Stimmungsoptimierungen. Hierzu zählt beispielsweise die Methode, sich drei erfolgreiche Ereignisse des Tages zu notieren. Sehr positiv auf das eigene Wohlbefinden wirkt sich die Dankbarkeit aus, die man etwa in einem Brief an einen lieben Menschen ausdrückt. Daneben ist das Elternhaus sehr prägend für unser Leben, da dort schon sehr früh vermittelt wird, ob die Kinder im späteren Leben eher zur Zuversicht neigen oder nicht. Besonders das Zutrauen und die Zuversicht in die eigenen Kräfte stärken eine positive Einstellung und wirken aktivitätsstimulierend.

Im Gegensatz dazu hat das negative Denken einen negativen Einfluss. So kann das innere Schlechtreden auch zu schlechteren Ergebnissen führen, beispielsweise insbesondere bei Sportlern, wenn sie sich suggerieren: „Gegen die haben wir noch nie gewonnen." Wichtig also ist: Immer wenn wir uns positive Ereignisse und Ergebnisse bewusst machen, entwickeln wir auch mehr Initiative und mehr Kraft – wobei natürlich immer wieder abzuwägen ist, die eigene Kraft auch nicht allzu sehr zu überschätzen und erst dadurch zu besseren Lösungen zu gelangen.

* * *

Objektiv betrachtet befindet sich unsere Gesellschaft auf einem positiven Weg. Gesundheit, Wohlstand, Bildung und Lebenserwartung entwickeln sich zunehmend zu unseren Gunsten. Dies wird besonders deutlich, wenn wir unsere heutige Situation mit etwa der vor zweihundert Jahren vergleichen. Der Menschheit geht es besser als je zuvor.

Auf der anderen Seite gibt es viele „Untergangspropheten", die uns immer wieder vor Augen führen möchten, welch negative Richtung unsere Entwicklung nimmt. Bei näherem Hinsehen zeigt sich rasch, dass viele Dogmen durch Rationalität ersetzt wurden. Auf der Suche nach der Wahrheit haben wir große Fortschritte gemacht, der Aberglaube ist dem Geist der Wissenschaft gewichen. Vernunft, Wissenschaft und Fortschritt bewegen sich in eine positive Richtung, die Welt von heute ist hundertmal so reich wie vor zweihundert Jahren (Pinkner 2018).

Wir schätzen Situationen häufig falsch ein, da wir von einer Verfügbarkeitsheuristik ausgehen. Damit ist gemeint, dass wir gerade diejenigen Informationen für überdurchschnittlich wichtig halten, die uns unmittelbar umgeben. Aus einer Gesamtschau mit größeren Zusammenhängen kämen wir jedoch ganz rasch zu anderen Ergebnissen. Daniel Kahnemann beschreibt auch sehr schön die Negativitätsdominanz, die die meisten Menschen dazu verführt, Dinge stets nur negativ zu sehen. Unter Verlusten leiden wir mehr, als wir uns über Gewinne freuen. Die negative Dominanz wird nicht zuletzt dadurch verstärkt, dass wir skeptische und kritische Menschen automatisch für intelligenter halten als positiv gestimmte.

Natürlich darf hier auch das Gleichgewicht zwischen beidem nicht verloren gehen, sondern weder Optimismus, noch Pessimismus gilt es zu übertreiben. Es geht darum, das richtige Maß in der Mitte zu finden. Als Optimist dürfen wir die Dinge nicht einfach verharmlosen, als Pessimist dürfen wir nicht ausschließlich nur das Negative sehen. Immer wieder werden wir auch mit Rückschlägen konfrontiert, die uns aber nicht davon abhalten dürfen, den langfristigen Erfolg zu sehen.

Unser Denk- und Gefühlssystem führt sehr häufig zu Verzerrungen. Wir empfinden Dinge als echt, die jedoch der Realität nicht entsprechen. Unser Gehirn nimmt nicht alle Facetten in unserer Umgebung wahr. Wir empfinden manchmal intensives Glück, das rasch wieder verblasst und wir erkennen häufig zu wenig, dass vieles vom Zufall abhängt. Wer sich seltener ärgert, lebt wahrscheinlich länger. Schon den antiken Denkern waren Gleichmut und Gelassenheit überaus wichtig. Wir fühlen uns wohler, wenn wir entspannt sind, dann aber in bestimmten Phasen wieder sehr dynamisch sein können.

Wir sollten unsere Gefühle nicht immer allzu ernst nehmen, da sie uns manchmal falsche Wege einschlagen lassen oder wir uns durch sie in Situationen hineinsteigern, die wir so überhaupt nicht haben wollten und die uns auch nicht guttun. Vieles hängt tatsächlich vom Zufall ab, was allerdings natürlich nicht unsere Initiative und unsere Aktivitäten hemmen sollte.

Auch allzu viele Vergleiche mit anderen sind vom Übel und erzeugen nur unnötige Probleme für uns. Niemand kann sich in unsere Situationen wirklich hineinversetzen und Vergleiche fallen nicht selten für uns negativ aus, zumal wir dazu neigen, andere zu überschätzen. Ebenso ist eine grundsätzliche Kooperationsbereitschaft mit andern erstrebenswert, allerdings besonders zu denjenigen, die sich selbst uns gegenüber auch kooperativ verhalten. Zeit in Erlebnisse, in Momente zu investieren, statt immer mehr Dinge anzuhäufen, hat sich gleichfalls für unser Zufriedenheitsgefühl als zuträglich erwiesen. Und auch das Nein-Sagen ist von eminenter Bedeutung, und zwar immer dann, wenn uns etwas so ganz und gar nicht entspricht. So gewinnen wir Zeit für Dinge und Aktivitäten, an denen wir mehr Freude haben und in denen wir uns glücklicher fühlen.

* * *

Gelassenheit ist ein wesentlicher Faktor für Glück und Zufriedenheit. Einen einzigen Weg zum Glück gibt es nicht, den muss ein jeder schon selbst finden. Dies ist allein an den unterschiedlichsten Glücksdefinitionen erkennbar: Für manche bedeutet Glück einen körperlichen und psychischen Wohlfühlzustand, bei dem die Hormone Dopamin und Serotonin ausgeschüttet werden. Auch permanentes Glück können wir nicht erreichen, da die Natur dieses für uns wahrscheinlich nicht vorgesehen hat. Es ist völlig normal, in einem Wechsel von schwierigen Momenten und zufriedenstellenden Erfolgserlebnissen zu leben. Mit unseren Gefühlszuständen stellen wir uns auf die jeweils aktuelle Situation ein, um eine optimale Reaktion zu erreichen. Es wäre kaum vorstellbar für unser Leben, wenn wir uns in einem dauerhaften Glücksrausch bewegen würden, denn das hieße nichts anderes, als vieles einfach auszuklammern. Mit Glück kann man auch den günstigen Ausgang einer Situation beschreiben, permanentes Glück ist bei der Realitätsbewältigung kaum vorstellbar.

Zuweilen erleben wir auch eine übertriebene Einstellung zum Glück, sozusagen geradezu einen Zwang zum Glücklichsein, der viele Menschen überfordert. Zu einem normalen Leben gehören nicht nur permanente Glückszustände, sondern ebenso auch unangenehme Situationen. Aber natürlich ist der Wunsch sehr berechtigt, die Glücksmomente im Laufe eines Lebens anzuhäufen, ohne dabei jedoch Wichtiges aus den Augen zu verlieren. Auch das Sich-Finden im eigenen Leben ist sehr wichtig für das Glücksgefühl.

Eine solide Grundlage für ein gutes Glücksgefühl ist der Vertrauensaufbau zu sich selbst und zu anderen Menschen. Auch soziale Beziehungen spielen eine wichtige Rolle, um sich mit anderen Menschen austauschen zu können. Ein großes Hemmnis für das eigene Glückempfinden ist der permanente Vergleich mit anderen Menschen und anderen Situation. Nicht selten schneiden wir dabei schlechter ab, werden uns aber zugleich unserer eigenen Gefühle und Positivität zu wenig bewusst. Anhaltendes Glück ist eine Illusion, wie nicht wenige Glücksforscher sagen. Es gibt eben immer Schwankungen im Leben und die gilt es zu akzeptieren. Auch Geld macht nicht unbedingt glücklich, es kann sogar Sorgen und Stress verursachen oder vermehren – immer dann, wenn wir zu viel Zeit darauf verschwenden. Zumeist sind es vielmehr Momente mit anderen Menschen, die uns glücklich machen. Wir sind nun einmal soziale Wesen, die einander benötigen und die Zuwendung vermitteln sollten.

An jedem Tag gehen jedem Menschen viele Gedanken durch den Kopf. Man schätzt, dass ein erwachsener Mensch ungefähr 30.000 Gedanken am Tag hat. Viele davon haben uns bereits an vorhergehenden Tagen beschäftigt, viele sind auch unbewusst negativ, ohne dass wir es realisieren. Erst wenn das Verhältnis zwischen guten und schlechten Gefühlen ungefähr bei drei zu eins liegt, können wir davon ausgehen, dass wir ein zufriedenes Leben führen. Äußerst häufig wird übrigens das

Negative sehr viel stärker wahrgenommen als das Positive. Bereits wenn wir das durchschauen, können wir viel zufriedener leben. Wir müssen uns viel mehr darüber im Klaren sein und uns immer wieder vor Augen führen, dass wir uns selbst positiv beeinflussen können und dass unser Gehirn auch auf eine bewusste positive Steuerung reagiert, indem es positive Gedanken in uns auslöst. Und unleugbar stecken in jedem Menschen viele positive Gedankenanteile – man muss sich nur hervorlocken, um das Leben angenehmer zu führen.

Auch die Erinnerungen an eine schöne Reise beeinflussen uns positiver als die Erfüllung des Wunsches nach einem ersehnten Gegenstand. Denn an letzteren gewöhnen wir uns sehr rasch und er löst danach keine positiven Gefühle mehr in uns aus.

Wir sollten uns also immer wieder bewusst machen, dass uns positive Gedanken in hohem Maße beeinflussen, vor allem auch dann, wenn wir von negativen Gedanken bedrängt werden. Jeder Sachverhalt hat stets mehrere Seiten. Es gibt Menschen, die sich immer nur die negativen Seiten herauspicken. Es gibt aber auch Menschen, die sich dessen bewusst sind, wie sehr sie von positiven Gedanken beeinflusst werden. Es hilft also häufig, sich das Positive bewusst zu machen, es tatsächlich wahrzunehmen.

Auch die Verbindung zu anderen Menschen sollten wir suchen und pflegen und auch dabei immer bemüht sein, die positiven Seiten der anderen zu sehen. Ebenso sollten wir den Sinn unseres Tuns immer wieder hinterfragen und uns klarmachen, dass wir Dinge viel positiver sehen, wenn wir einen Sinn dahinter entdecken. Zudem ist es ratsam, sich von unnötigen Einengungen und Selbstbeschränkungen zu lösen, die wir uns in zu hohem Maße auferlegen.

Ein zufriedenes Leben hängt nicht nur von den äußeren Umständen ab, sondern ganz wesentlich auch von unserer inneren Haltung. Ist diese positiv, können wir uns selbst stark beeinflussen und in die richtige, also die uns zuträgliche und zufriedenmachende Richtung lenken. Trauer und Enttäuschungen lassen sich nicht vermeiden. Was wir aber tun können, ist zu lernen, mit diesen Erschütterungen offen und akzeptierend umzugehen. So lassen sich diese Ereignisse im Leben angenehmer und zuträglicher verarbeiten und eröffnen zugleich Freiräume, sich auf Positives, das auch wieder folgen wird, zu konzentrieren und zu antizipieren. Ebenso beeinflusst uns selbst die Hilfe und Unterstützung fremden Menschen gegenüber positiv, da es auf uns zurückspiegelt, wenn sich andere zufrieden fühlen. Von Ethik geprägte Einstellungen lenken uns selbst in eine positive Richtung.

* * *

Stress lässt sich sehr häufig nicht vermeiden und macht unser Leben gleichzeitig auch spannender. Allerdings: Entscheidend für unsere Lebensqualität ist dabei der richtige Umgang mit Stress. In diesem Zusammenhang spricht man auch von einer hedonistischen Emotionsregulation. Dabei können wir unsere Gefühle besser verarbeiten und auch in Stresssituationen eine gute Stimmung bewahren und erhalten. Die negative Stimmung wird schnell wieder verarbeitet.

Glück und positive Gefühle wirken sich auf unser gesamtes Leben aus. Eine positive Gestimmtheit wird unser Denken und unser Handeln unweigerlich auch positiv beeinflussen. Ein glückliches Leben wirkt sich zudem förderlich auf die Gesundheit aus. Verschiedene Untersuchungen ergaben, dass Menschen, die im Alter von zwanzig Jahren überdurchschnittlich positiv gestimmt waren, auch eine höhere Lebenserwartung hatten. Und auch ältere Menschen, die ihr eigenes Leben subjektiv glücklicher einschätzten, lebten im Schnitt sieben bis acht Jahre länger. Auch berichten glückliche Menschen von weniger Krankheiten. Dies ist eigentlich nicht verwunderlich, denn in einer glücklichen Gefühlslage wird beim Menschen in der Regel mehr Immunologie ausgeschüttet, es wird also das Immunsystem gestärkt. Auch das Hören von angenehmer Entspannungsmusik wirkt sich positiv auf das Hormonsystem aus. Insgesamt steigert ein gesunder Lebensstil die positive Stimmung, sei es, dass man Sport betreibt oder sich bewusst ernährt.

Der Handlungsspielraum und auch die Weite und Fülle der Gedankenwelt ist bei glücklichen Menschen weitaus umfassender. Aufgrund ihrer Flexibilität und Spontaneität sind sie grundsätzlich eher in der Lage, anfordernde und schwierige Situationen besser zu bewältigen. Die Offenheit für positive Gedanken stärkt sie nicht nur bei krisenhaften Herausforderungen, sondern lässt sie zudem gleichgültiger gegenüber negativen, zweiflerischen und mutlos machenden Einflüssen werden. Dies wiederum wirkt sich verstärkend auf ihre weitere positive Grundeinstellung aus.

Auch der Religiosität und Spiritualität kommt bei der Ausbildung des persönlichen Glücksempfindens eine zuweilen wesentliche Rolle zu, wenngleich speziell die Philosophie nicht müde wurde, auch auf die Gefahren hinzuweisen, die eine allzu positive Grundeinstellung auf unsere Erkenntnisfähigkeit ausüben kann. Dennoch ist empirisch hinreichend belegt, dass sich Emotion und Kognition nicht als sich widersprechende oder gar voneinander trennbare Kategorien auffassen lassen, sondern miteinander interagieren mit dem Ergebnis, dass positive Emotionen durchaus Erkenntnisvermögen zu steigern und Wahrnehmungsfähigkeit zu erweitern vermögen.

Zudem wurde immer wieder festgestellt, dass Lernen in einer positiven Atmosphäre wesentlich leichter fällt und schnellere Erfolge zeitigt. Unser Gehirn ist so beschaffen, dass es gerne neue Information aufnimmt. Positive Emotionen können dabei erheblich von Nutzen sein und das Lernen erleichtern. Ebenso wie uns Angst in unserem Denken und Handeln lähmt, kann uns ein Glücksgefühl fördern und unterstützen. Bereits das kurzfristige Hören von angenehmer klassischer Musik kann dazu führen, dass wir Informationen anschließend rascher aufnehmen und auch besser behalten. Bei positiven Emotionen tun die gleichzeitig im Blut ausgeschütteten Dopamine ein Übriges, um sich auf unser Gedächtnis und unser Assoziationsvermögen positiv auszuwirken.

Glückliche Menschen handeln in der Regel auch hilfsbereiter und unterstützender anderen Menschen gegenüber mit der Folge, dass diesen Menschen wiederum viel häufiger positive Emotionen und positives Verhalten zuteilwird. Auch die eigene Produktivität wird durch Glücksempfinden gesteigert und verschiedene Untersuchungen zeigen immer wieder, dass das Einkommen zwar sehr stark korreliert mit der Ausbildung, aber gleichzeitig auch mit dem Wohlbefinden des betreffenden Menschen. Hier kommt einem unwillkürlich Epiktets Diktum in den Sinn, dass die Dinge nicht so sind, wie sie sind, sondern wie wir sie wahrnehmen. Dies zeigt, wie stark unsere Art des Denkens uns selbst beeinflusst.

Ein weiterer verstärkender Effekt stellt sich dadurch ein, dass zufriedene und glückliche Menschen zugleich auch viel häufiger zufriedene und glückliche Situation aufsuchen und also positive Emotionen erfahren. Auch die Einschätzung von Situationen, die sogenannte Attribuierung, erfolgt bei glücklichen Menschen auf eine sehr positive Art und Weise, was Selbstwertgefühl und Optimismus steigert.

Nicht wenige Menschen fragen sich jedoch, ob glückliche Menschen die Welt nicht einfach durch eine rosarote Brille betrachten. Hat nicht der depressive und negativ bestimmte Mensch eine viel realitätsgerechtere Sicht der Dinge, sind glückliche Menschen also nicht einfach vielleicht realitätsfern? Abschließend beantworten lässt sich diese Frage sicher nicht, denn zum Überleben ist unbedingt auch eine realitätsgerechte Sicht nötig. Eine zu positiv eingefärbte Sicht kann also auch mit erheblichen Nachteilen verbunden sein. Andererseits sind die positiven Auswirkungen einer optimistischen Sicht mehr als offenkundig und für das eigene Leben äußerst hilfreich. Erkennen wir beispielsweise, dass wir das angestrebte Fernziel nicht erreichen werden, ist es zumeist besser, sich mit dem (vorhersehbaren) Misserfolg nicht allzu lange zu beschäftigen, da uns dies lähmen würde.

Bei Glücksgefühlen handelt es sich immer auch um ein Belohnungssystem unseres Gehirns. Dahinter steht häufig die Absicht der Evolution, unsere Reproduktionsaufgaben zu erfüllen und unser Überleben zu garantieren. So setzt dieses Belohnungssystem beispielsweise beim Sex sehr stark ein und auch das positive Sozialverhalten anderen gegenüber lässt sich evolutionspsychologisch gut begründen. Verhalten wir uns altruistisch, bekommen wir mit hoher Wahrscheinlichkeit auch positive Reaktionen zurück. Menschen helfen sich gegenseitig und erfahren damit eine starke Belohnung. Auch zeigt sich immer wieder, dass sich greifbare, kurzfristig gesteckte Ziele auf unser Belohnungssystem sehr positiv auswirken. Dabei haben Fortpflanzung und lebenserhaltende Tätigkeiten immer eine höhere Wahrscheinlichkeit in einer positiven Lebensatmosphäre als in einer depressiven Stimmung und in einer egoistischen Haltung. Insofern wird deutlich, dass Glück und eine positive Grundstimmung in der Natur des Menschen einen hohen Stellenwert einnehmen. Darin stimmen viele Philosophen und Wissenschaftler überein. Dass es hierzu auch gegenteilige Auffassungen gibt, schmälert allerdings nicht die positive Erkenntnis.

Literatur

Zitierte Literatur

Dietzsch, Steffen. 2003. *Immanuel Kant. Eine Biographie.* Leipzig: Reclam.
Epiktet. 2006. *Anleitung zum glücklichen Leben.* Übers. und hrsg. v. Rainer Nickel. Düsseldorf: Tusculum.
Höffe, Otfried. 2007. *Immanuel Kant*, 7. Aufl. München: C. H. Beck.
Marc Aurel. 2019. *Selbstbetrachtungen.* Übers. u. hrsg. v. Genot Krapinger. Stuttgart: Reclam.
Prater, Donald A., Hrsg. 1987. *Rainer Maria Rilke und Stefan Zweig in Briefen und Dokumenten.* Frankfurt a. M.: Insel.
Steven, Pinker. 2018. Enlighenment Now. Frankfurt a. M.: Fischer.
Wöhrle, Georg. 2002. *Epiktet für Anfänger. Gespräche und Handbüchlein der Moral.* München: Eine Lese-Einführung. dtv.

Weiterführende Literatur

Peterson, Christopher, und Martin E. P. Seligman. 2004. *Character strengths and virtues: A handbook and classification.* Washington, DC/New York: Oxford Universitiy Press.

7

Glück, Lebensalter und soziale Faktoren

Untersuchungen zeigen, dass die Lebenszufriedenheit in den Ländern Europas sehr unterschiedlich ist. Am glücklichsten sind einer Untersuchung zufolge die Dänen, Niederländer, Schweden und Luxemburger.

Im Vordergrund bei der Einschätzung der eigenen Zufriedenheit steht bei den Befragten ihre Arbeitssituation. Es ist also davon ausgehen, dass die Arbeitslosigkeit in den betroffenen Ländern in großem Umfang zur Unzufriedenheit beiträgt. Auch verringert sich die Zufriedenheit, sobald gesellschaftliche und soziale Ungleichheiten zwischen den Menschen zunehmen. Erst wenn man selbst den Eindruck gewinnt, dass es anderen Teilen der Gesellschaft auch schlecht geht, wird die eigene schlechte Lage nicht ganz so negativ wahrgenommen

Das Alter hat einen starken Einfluss auf das Glücksempfinden. Erstaunlicherweise nimmt das Glücksempfinden mit steigendem Alter zu. Der Scheitelpunkt liegt etwa beim 50. Lebensjahr, von da an steigt die Zufriedenheitskurve wieder kontinuierlich an. Erst in einem sehr hohen Alter verändert sich dieser Zufriedenheitsgrad wieder.

Bemerkenswert ist auch, dass die Quote der sehr glücklichen Frauen in den USA von 40 auf 30 Prozent gesunken ist – und dies innerhalb der letzten vierzig Jahre. Als Ursache hierfür sehen Forscher den zunehmenden

© Der/die Herausgeber bzw. der/die Autor(en), exklusiv lizenziert durch Springer Fachmedien Wiesbaden GmbH, ein Teil von Springer Nature 2020
A. Kitzmann, *Glück und positives Denken*,
https://doi.org/10.1007/978-3-658-30285-6_7

permanenten Druck und die zunehmende Doppelbelastung von Familie und Beruf an. Ebenso ist die Depressionsrate bei Frauen zwei- bis dreimal so hoch wie bei Männern. Zugleich zeigte sich immer wieder, dass Frauen viel treffsicherer Emotionen bei anderen erkennen. Sie sind zudem in der Lage, emotionale Reaktionen rascher wahrzunehmen.

Generell lässt sich sagen, dass das durchschnittliche Lebensglück bei Älteren höher ist als bei Jüngeren. In der Phase der Adoleszenz ist eine Phase abnehmenden Glücks beobachtbar. Neue Gefühle brechen in das Leben hinein und die Kompensation und Steuerung von Gefühlen wird schwieriger. Untersuchungen haben ergeben, dass Männer wie Frauen mit zunehmendem Alter glücklicher werden. Zahlreiche Befunde zeigen beim Glücksverlauf dabei eine U-Kurve. Die 40- bis 50-Jährigen waren im Schnitt weniger glücklich als junge Erwachsene oder Pensionisten und Rentner. Eine Erklärung dafür wäre vielleicht auch, dass zufriedene Menschen länger gesünder bleiben und somit im Alter auch häufiger zufriedene Menschen anzutreffen sind. Die weniger glücklichen Menschen wiesen möglicherweise eine höhere Mortalitätsrate auf.

Natürlich wird dem Faktor Gesundheit mit steigendem Alter eine immer größere Bedeutung beigemessen, zugleich nehmen Freunde und Kinder einen zunehmend höheren Stellenwert ein. Auch Religiosität und Spiritualität werden mit steigendem Alter wichtiger.

Das durchschnittliche Lebensalter hat sich im Verlauf des 20. Jahrhunderts um ca. 30 Jahre erhöht. Damit hat sich ein ganz neuer Lebensabschnitt gebildet, nämlich das höhere Alter. Gerade im höheren Alter spielen soziale Beziehungen und die familiäre Einbettung eine sehr große Rolle. Auch zeigt sich immer wieder, dass eine ausgeprägte Aktivität selbst im hohen Alter die Wahrscheinlichkeit erhöht, ein glücklicheres Leben zu führen. Aktivität kann ein Auslöser für Glück sein, Glück umgekehrt kann aber auch zu mehr Aktivität anstacheln. Zudem sind ältere Menschen in der Regel in der Lage, ihre Emotionen besser zu kontrollieren und zu regulieren und damit unangenehme Situationen zu vermeiden.

Da das Bewusstsein für die immer kürzer werdende Lebensspanne größer wird, kann es auch sein, dass die Fokussierung auf Dinge und Aktivitäten zunimmt, die persönlich besonders bedeutsam und wichtig erscheinen. Aktivität und Sozialkontakte können also generell das Wohlbefinden in hohem Alter durchaus steigern. So gaben rund 50 Prozent der Teilnehmer an einer Befragung an, dass der Ruhestand ihr Wohlbefinden verbessert habe. Zudem bietet sich mit zunehmendem Alter auch die Möglichkeit, sich aus denjenigen Bereichen zurückzuziehen, die einem früher unangenehm waren.

* * *

In der Verfassung von Bhutan ist das Streben nach Glück verankert, was zeigt, dass sich ein Staat Gedanken macht über das Glücksempfinden seiner Bewohner. Die Forschung kennt eine ganze Reihe von Glücksindizes, die das Glücksempfinden in verschiedenen Staaten beschreiben sollen. Wohlstand bildet zwar eine mögliche Voraussetzung für das Glücksempfinden, diese Voraussetzung reicht allerdings bei Weitem nicht aus.

Die Vereinten Nationen haben einen „World Happiness Report" erstellt, der den Glückszustand von 160 Nationen erhoben hat. An der Spitze rangieren Dänemark, Norwegen und die Schweiz. Deutschland nahm dabei Platz 26 ein. Das Washingtoner Gallup-Institut hat in seinem Glücksatlas Deutschland sogar auf Platz 46 von 138 Nationen verortet. Die Spitzenplätze gingen an Lateinamerika. Im Auftrag der Deutschen Post wird auch regional auf Deutschland begrenzt regelmäßig ein Glücksatlas erstellt. Dabei zeigte sich, dass Schleswig-Holstein innerhalb Deutschlands an erster Stelle rangiert.

Die Studien ergaben immer wieder, dass der respektvolle Umgang miteinander und enge Beziehungen zu Mitmenschen wesentlich ausschlaggebend sind für das Glücksempfinden. Als ebenso wichtig werden die Freiheit, selbstbestimmt über das eigene Leben zu entscheiden, sowie ausreichende Phasen der Entspannung angesehen.

Glücksempfinden ist zu einem sehr starken Teil abhängig von der Teilhabe innerhalb der Familie, bei vielen bildet sie das absolute Zentrum eines glücklichen Lebens. Für 70 Prozent aller Menschen rangieren Freundschaften an erster Stelle, erst danach werden „gut verdienen" von 31 Prozent, „Spaß haben" von 44 Prozent und „Kinder haben" von 52 Prozent genannt. Untersuchungen ergaben auch immer wieder, dass Männer ein starkes Glücksgefühl in der Selbstverwirklichung finden, Frauen hingegen im Sozial- und Wohlgefühl. Auch dankbare Menschen leben in der Regel gesünder und glücklicher. Ebenso kann das Führen eines Glückstagebuches erheblich zur Zufriedenheit beitragen, denn darin verzeichnet sind all die angenehmen, erfreulichen Ereignisse, die wir durchlebt haben. Die Bewusstmachung dieser Ereignisse führt automatisch zu einer größeren Zufriedenheit. Auch Entspannungszustände, in denen sich Raum und Zeit auflösen und wir uns als Teil eines großen Ganzen wahrnehmen, können sehr große Glückserlebnisse auslösen.

* * *

Altern ist ein sehr komplexer Vorgang und verläuft bei jedem Menschen anders. Der Alterungsprozess lässt sich positiv beeinflussen und ermöglicht eine völlig neue Sichtweise auf das Älterwerden. Es ist gar nicht so selten, dass Menschen noch in reiferem Alter neue Unternehmensgründungen wagen, Marathon laufen oder in ihrem persönlichen Bereich völlig neue Wege gehen. Wichtig ist vor allem, sich als Ältere nicht zu sehr von Vorurteilen beeinflussen lassen, Zutrauen zu sich selbst zu haben und das Leben beherzt in die eigene Hand zu nehmen. Man muss sich nur einmal vor Augen führen: Im Vergleich zum Beginn des vergangenen Jahrhunderts haben die meisten Menschen durchschnittlich zwei gesunde Lebensjahrzehnte hinzugeschenkt bekommen!

Wichtig ist, dass sich ältere Menschen nicht in negative Rollenmuster drängen lassen, sondern ihren Lebensabschnitt aktiv um- oder neugestalten und ihre eigene Freiheit bewahren. Es gibt viele einschränkende Altersbilder. Hiervon gilt es, sich frei zu machen. So nehmen wir unsere eigenen Möglichkeiten bewusst wahr und eröffnen uns neue Freiräume und Betätigungsfelder. In der heutigen Zeit sagt das kalendarische Alter nicht viel über einen Menschen aus, denn das biologische Alter weicht zuweilen stark davon ab. Eigeninitiativ zu bleiben, ist entscheidend beim Älterwerden. Wir müssen negative Kommentare überhören und die eigene Vitalität in den Vordergrund stellen.

Ältere Menschen können sich ihre Elastizität und Wahrnehmungsfähigkeit erhalten, sofern sie sich die positive Vorstellung über sich selbst nicht nehmen lassen. Körperliche Aktivität ist eine der Hauptglücksquellen für ältere Menschen. Sport und Bewegung sollten auf angepasste Art im Vordergrund stehen, Kraft- und Ausdauertrainings lassen sich sehr gut dem Alter anpassen, wodurch Ältere der Passivität entgehen. Mit der körperlichen Aktivität wird zugleich immer auch der Geist trainiert und die eigene Lebendigkeit gesteigert.

Menschen in diesem Altersabschnitt sollten offen sein und bleiben für ständig neue Erfahrungen und ständig neue zwischenmenschliche Kontakte. Dies erhält die eigene Kreativität und Lebendigkeit, das Leben gewinnt an Farbe und wird interessanter. Auch sich selbst herauszufordern ist sehr wichtig, da dies immer zugleich auch Gehirntraining bedeutet und uns überdies Erfolgserlebnisse verschafft. Das Gehirn ist wie ein Muskel, der ständig trainiert werden muss. In jedem Alter werden durch körperliche und geistige Aktivität im Gehirn neue Synapsen gebildet, die die eigene Lebensfähigkeit verbessern. Geistige Aktivität lässt sich auch dadurch erlangen, indem man beispielsweise eine neue Sprache erlernt oder ein neues Musikinstrument oder aber beispielsweise die Reisetätigkeit steigert, um neue Eindrücke zu gewinnen. Auch die Offenheit für soziale Kontakte sollte sich jeder ältere Mensch bewahren. Dadurch wird nicht nur das eigene Gehirn angeregt und stimuliert, sondern es eröffnen sich auch neue Möglichkeiten für ein kreatives Leben. Das Knüpfen neuer Kontakte wird natürlich durch eine optimistische Lebenseinstellung und eine positive Sicht auf das eigene Alter erheblich erleichtert.

Optimismus und Lebensbejahung wirken sich lebensverlängernd aus und erhöhen die Lebensqualität. Selbstverständlich kann man im fortgeschrittenen Alter nicht die gleichen körperlichen Aktivitäten wie in der Jugend beibehalten, sondern ein angepasstes Herunterschalten ist hier goldrichtig. Auch flexible Arbeitsmodelle kommen dem älteren Menschen entgegen, da er aktiv bleiben kann, zugleich aber nur in dem Umfang tätig sein muss, wie es ihm guttut.

Insgesamt sollten sich ältere Menschen auf jeden Fall von allen Negativkonzepten des Alters lösen und diesen eine positive und aktive Einstellung entgegensetzen. Glücklich bleibt der Mensch immer dann, wenn er die eigene Selbstständigkeit und Unabhängigkeit behält, sein Leben aktiv und optimistisch gestaltet und sich von Vorurteilen frei macht.

* * *

Der materielle Wohlstand spielt eine wichtige Rolle, allerdings nur bis zu einem bestimmten Grad. Danach ist es viel entscheidender, ob sich die Menschen entfalten und ihren individualistischen Neigungen nachgehen können. Dies zeigt sich nicht zuletzt in der Tatsache, dass überraschend viele gesellschaftlich unfreiere und in prekären Verhältnissen lebende Menschen sich überraschenderweise als glücklich empfinden.

Bemerkenswert auch, dass immer wieder Menschen, die in irgendeiner Weise zu schnellem Reichtum gelangt sind, in ihrer Lebensführung nicht unbedingt glücklicher wurden. Denn infolge der neuen materiellen Bedingungen, veränderte sich auch die Lebensführung der Betroffenen auf sehr radikale Art. So hörten die Menschen beispielsweise auf zu arbeiten, verloren damit aber zugleich ihre gewohnte Arbeitsumgebung und fanden sich auf einmal in einem neuen sozialen Gefüge wieder mit der Folge, dass dies nicht selten mit verstärktem Stress und enormen Anpassungserfordernissen verbunden war.

Generell lässt sich auch sagen, dass das Einkommen nur bis zu einem bestimmten Grad das Glück weiter steigern kann. Alles, was darüber hinausgeht, ist kaum mehr von Relevanz für ein Glücksempfinden. Dies zeigt, dass ab einem bestimmten materiellen Wohlstand andere Faktoren für Glück ausschlaggebend sind – und zwar in dem Maße, wie die Grundbedürfnisse mehr und mehr befriedigt sind. Dann spielen etwa soziale Kontakte eine ganz erhebliche Rolle für unser Glück. Insofern beeinträchtigen ausgeprägte Materialisten ihr Leben, ohne es zu wissen, denn bei einem ausschließlich auf Materielles ausgerichtetes Leben werden in der Regel die Sozialkontakte stark unterschätzt. Man nimmt sich schlichtweg weniger Zeit für ein geselliges Leben.

Auffällig ist auch: Gerade dann, wenn man nur bestrebt ist, seinen eigenen sozialen Status zu heben, beklagen sich viele Menschen über ihre Lebensführung. Geldverdienen kann also die eigene Lebenszufriedenheit erheblich reduzieren, da Familie und Gemeinschaft in den Hintergrund geraten. Hinzu kommt, dass stark materiell ausgerichtete Menschen auch häufig Aufwärtsvergleiche anstellen. Ganz gleich, wie viel materiellen Wohlstand man selbst erreicht hat, dennoch werden immer weiter Vergleiche zu „noch besser Situierten" angestellt. Im Übermaß führt dies zu ganz erheblichen Einbußen bei der Lebenszufriedenheit.

Wissenschaftler haben einen Zufriedenheitsatlas entwickelt, der den Glückszustand in verschiedenen Regionen untersucht. Immer wieder hat man betont, dass es ein objektives Glücksmaß nicht gibt. Allerdings: Der Himalaja-Staat Bhutan hat das Glück der Einwohner zum obersten Staatsziel erklärt. Dies legt nahe, dass der Staat sehr wohl starken Einfluss auf das Wohlbefinden seiner Bürger nehmen kann. In der Verfassung von Bhutan ist das Streben nach Glück verankert. Damit also macht sich ein Staat Gedanken über das Glücksempfinden seiner Bewohner, was an sich schon bemerkenswert ist. In der Forschungsliteratur ist eine ganze Reihe von Glücksindizes aufgelistet, die das Glücksempfinden in den einzelnen Ländern näher beschreiben sollen. Alle Glücks-Studien betonen gleichermaßen immer, dass ein respektvoller Umgang und enge Beziehungen zu anderen wesentliche Aspekte bei der Bewertung des eigenen Glücksempfindens sind. Weiter wurden die Selbstbestimmtheit über das eigene Leben sowie genügend Zeit von Ruhephasen genannt.

Literatur

Zitierte Literatur

Aristoteles. 2019. *Philosophische Schriften in sechs Bänden*, Hrsg. v. Günter Bien, Wolfgang Detel, Claus Corcilius, Hermann Bonitz und Eugen Rolfes. Hamburg: Felix Meiner.
Dietzsch, Steffen. 2003. *Immanuel Kant. Eine Biographie.* Leipzig: Reclam.
Einstein, Albert. 1997. *Einstein sagt: Zitate, Einfälle, Gedanken. Teilübersetzung aus dem Amerikanischen und Betreuung der deutschen Ausgabe: Anita Ehlers.* Bern: Piper.
Hesse, Hermann. 1973. *Die Kunst des Müßiggangs. Kurze Prosa aus dem Nachlass.* Frankfurt a. M.: Suhrkamp.

Weiterführende Literatur

Peterson, Christopher, und Martin E. P. Seligman. 2004. *Character strengths and virtues: A handbook and classification.* Washington, DC/New York: Oxford Universitiy Press.

Twain, Mark. 2014. *Ich bin der eselhafteste Mensch, den ich je gekannt habe. Neue Geheimnisse meiner Autobiographie.* Übers. v. Hans-Christian Oeser. Berlin: Aufbau.

8

Glück und Finanzen

Geld ist zur Lebensabsicherung unerlässlich, Einfluss auf das Glück hat das Geld aber nur bedingt. Forscher belegen immer wieder, dass die Grenze bei einem Jahresbruttoeinkommen von 70.000 Euro liegt. Über diese Grenze hinaus spielt die Lebensabsicherung und Lebenszufriedenheit nur noch eine bedingte Rolle.

Für die meisten Menschen abträglich ist es, wenn sie sich mit anderen, denen es finanziell besser geht, vergleichen. Es wird auf *jeder* Ebene immer Menschen geben, die besser gestellt sind als wir selbst. So messen sich beispielsweise finanziell gut dastehende Menschen mit solchen, die über noch mehr Reichtum verfügen – und fühlen sich dann automatisch geringwertiger. Auch Neid spielt in diesem Kontext eine große Rolle, wobei er meist auf ähnliche Milieus abhebt. Ein Arbeitsloser beispielsweise vergleicht sich naturgemäß nicht mit einem Millionär.

Jeder mit einem Vermögen ausgestattete Mensch sollte aber auch Verantwortung innerhalb der Gesellschaft verspüren und etwas an die Gesellschaft zurückgeben, die ihm seine Situation erst ermöglicht hat. Zudem sehen wir immer wieder, dass reiche Menschen arbeiten, obwohl sie aus finanziellen Gründen nicht dazu gezwungen wären. Ihnen ist dabei bewusst, dass Arbeit Lebenssinn vermittelt. Unbegrenzten Urlaub kann kein Mensch genießen, da wir uns ständig neue Lebensbereiche schaffen müssen. Gerade bei vermögenden Menschen sollten Großzügigkeit und Mildtätigkeit zunehmen. Die Befriedigung, die sich aus sozialer Verantwortung speist, ist viel wichtiger als Eitelkeit und Geltungssucht. Freundschaft, Liebe und Gesundheit sind zentrale Begriffe im Zusammenhang mit unserem Glücksempfinden. Lebensqualität ist ungleich viel wichtiger als die finanziellen Mittel, die jemandem zur Verfügung stehen.

* * *

Bis zum Corona-bedingten Absturz im März 2020 hatte sich der deutsche Aktien-Index in den vorhergehenden sechs Jahren zunächst verdreifacht. Die extremen Schwankungen an der Börse zeigen die Komplexität der Einflussfaktoren und die Bedeutung der massenpsychologischen Phänomene. Die Verhaltensökonomie versucht, viele Fehlurteile in Finanzdingen zu erklären. Ein wichtiger psychologischer Faktor, der manchmal zu Fehlurteilen führt, ist die Regret-Aversion. Wir haben schlichtweg Angst, eine falsche Entscheidung zu treffen. Gleichermaßen fürchten wir uns vor dem darauffolgenden Bedauern, das häufig dazu führt, am liebsten überhaupt keine Entscheidung zu treffen. Die Angst vor einem negativen Urteil empfinden wir viel intensiver als das Scheitern selbst. Eine *nicht* getroffene Entscheidung bedauern wir in der Regel weniger als eine *falsch* getroffene!

Sofern wir ein Risiko nicht genau einschätzen können, verwenden wir die sogenannte Daumenregel. Diese Daumenregeln verzerren die Realität und können zu Fehleinschätzungen führen. Ebenso kann eine Überaktivität, ein ständiges Kaufen und Verkaufen, ein schlechtes Ergebnis nach sich ziehen. Wir meinen, bei stets möglichst großer Aktivität auch das beste Ergebnis zu erzielen, jedoch: An der Börse ist es manchmal umgekehrt!

Wenn wir einen Aktien-Index kaufen und sehr langfristig ausgerichtet sind, können wir uns zuweilen einfach zurücklehnen und ein sehr gutes Ergebnis erzielen. Zudem denken Menschen sehr häufig in Geschichten. Wenn eine Anlageentscheidung keine Geschichte hat, wie zum Beispiel ein Indexfonds, fällt es schwerer, dort Anlagen vorzunehmen. Auch Empfehlungen von einzelnen „Gurus" werden zuweilen überschätzt, denn es wird dabei scheinbares Insiderwissen vermittelt, das angeblich nur einer kleinen Gruppe zugänglich ist.

Es gibt Menschen, die eine Menge Geld verdient haben. Dennoch haben sie nur wenige glückliche Momente in ihrem Leben erlebt. In der Rückschau wird ihnen klar, dass sie die Prioritäten falsch gesetzt haben: Sie hätten schlichtweg mehr Zeit für das Gefühl der Zufriedenheit und des Glücks aufwenden sollen.

Manchmal ist es für das persönliche Glück auch erforderlich, die Meinungen anderer einfach zu ignorieren, um sich nicht allzu negativ beeinflussen zu lassen. Gerade narzisstische Menschen gehen davon aus, dass ihre eigene Meinung die einzig wahre und richtige sei. Die Überzeugung, mit der sie solche Auffassungen propagieren, übt nicht selten einen negativen Einfluss auf uns aus. Es liegt an jedem Einzelnen, sich selbst zu fragen und zu entscheiden, was seiner eigenen Bestimmung entspricht und was er wirklich für sich in seinem Leben möchte. Die Meinung anderer zu hören, ist durchaus wesentlich. Dann aber müssen wir solche Meinungen kritisch hinterfragen und abwägen, um selbst zu einer eigenen Überzeugung zu gelangen. Und es gibt zudem eine ganz einfache Methode, sich selbst in eine positive Stimmung zu versetzen, die immer hilfreich ist: Wenn wir lächeln, zunächst vielleicht ruhig gewollt, sind wir im nächsten Moment schon in der Lage, ein echtes Lächeln und damit auch eine positive Ausstrahlung zu erzeugen, die in der Lage ist, auch andere Menschen positiv zu stimmen und zu beeinflussen.

Schaut man sich die Gewinner eines beträchtlichen Lottogewinns an und fragt sechs Monate später danach, wie sich ihr Leben verändert hat, sagen die allermeisten, dass ihr Glücksgefühl nicht anders sei als *vor* dem Lottogewinn. Dies zeigt wieder einmal, dass wir uns an jede Situation rasch anpassen und sich auch bei materiellen Vorteilen schnell ein starker Gewöhnungseffekt an die neue Situation einstellt und damit wieder rasch relativiert wird. Natürlich verschafft uns Geld materielle Vorteile. Ein großer Fehler ist es aber, wenn wir darüber die vielen anderen Aspekte in unserem Leben vergessen, unterschätzen und zu wenig berücksichtigen. Geld können wir also keinesfalls mit Glücklichsein gleichsetzen. Es kann zwar neue Möglichkeiten eröffnen, zugleich aber auch unser Bewusstsein einschränken und uns dazu verleiten, die nicht-materiellen Quellen des

Glücklichseins zu unterschätzen. Viele Situationen in unserem Leben können uns glücklich machen, die völlig unabhängig von unseren materiellen Verhältnissen sind. Immer dann, wenn wir *das* tun können, was wir *wirklich* wollen und was mit unseren Werten eng verbunden ist, werden wir zufrieden und haben ein tiefes Glücksempfinden.

Wie stark wir uns selbst, unabhängig von materiellen Dingen, beeinflussen können, zeigt immer wieder eindrucksvoll der Placebo-Effekt, durch den ein bestimmter Prozentsatz von Patienten gesund werden kann. Wenn wir fest an etwas glauben, beeinflussen wir uns selbst in hohem Maße – und können dadurch auch andere positiv beeinflussen. Ebenso begünstigt ein Zustand der Entspannung in besonderem Maße, unseren Gedanken eine positive Richtung zu geben. Meditationen und viele andere Entspannungszustände haben eine starke Wirkung, wenn sie mit positiver Einflussnahme verbunden sind oder aber auch ohne jede Absicht erfolgen. Es geht in ganz erheblichem Maß auch darum, nicht krampfhaft bemüht zu sein, immer mehr zu tun, effizient zu sein und die Zeit hektisch zu verbringen, sondern es geht darum, die eigene Zeit in die wirklich wichtigen Dinge zu investieren und sich darüber im Klaren zu sein, ob sich darin die eigenen Werte tatsächlich widerspiegeln.

Auch die eigene Aktivität lässt sich sehr gut positiv beeinflussen, indem man sich nicht selbst unnötige Barrieren errichtet. Zu Aktivitäten kann man sich sehr leicht stimulieren, indem man sich zum Beispiel vornimmt, nur zehn Minuten in einen Vorgang zu investieren, weil dadurch die Barriere zu einer solchen Aktivität sehr niedrig ist. Ein Buch nur für zehn Minuten zu lesen oder Sport nur fünfzehn Minuten lang zu machen, ist allemal besser, als passiv zu bleiben. Solche Beispiele lassen sich beliebig vermehren. So kann man sich etwa auf einen Vortrag oder auch auf ein Gespräch mit einem wildfremden Menschen für eine begrenzte Zeit einlassen und dergleichen mehr. Gerade neue Initiativen fühlen sich am Anfang befremdlich an, ehe man anschließend intensiv einsteigt und in ihnen aufgeht. Auch sollten wir grundsätzlich nicht davor zurückschrecken, ruhig einmal negative Erfahrungen in Kauf zu nehmen oder sich selbst zum Narren zu machen, denn nicht selten ergeben sich daraus äußerst positive Entwicklungen.

Ein ganz wesentlicher Faktor für Zufriedenheit ist sicher auch die Ausdauer. Wie viele äußerst erfolgreiche Menschen sind zuvor gescheitert –

und wurden nur darum erfolgreich, weil sie weitergemacht haben, weil sie beharrlich waren und eine große Ausdauer hatten. Falsch wäre es also, sich durch Misserfolge in die Passivität verleiten zu lassen. Misserfolge sind vielmehr als Lernerfolg und als Chance zu begreifen, sich neue Gebiete zu erschließen.

Literatur

Zitierte Literatur

Easterlin, Richard A. 1974. Does economic growth improve the human lot? In *Nations and households in economic growth: Essays in honor of Moses Abramovitz*, Hrsg. Paul A. David und Melvin W. Reder, 89–125. New York: Academic Press.

Epikur. 1988. *Philosophie der Freude. Eine Auswahl aus seinen Schriften*. Übers., erläutert und eingeleitet v. Paul M. Laskowsky. Frankfurt a. M.: Insel.

9

Glück und Lebenszufriedenheit

Wie lässt sich für uns ein größeres Wohlbefinden erreichen, ohne in unserem Glücksstreben dabei die tieferen, wesentlichen Aspekte unseres Lebens zu vernachlässigen? Ist Glück vielleicht nur die Abwesenheit von Melancholie oder eröffnet es uns zuvor übersehene neue Lebensbereiche? Nicht wenige Philosophen waren sich darin einig, dass das Glücksstreben *nicht* unser Lebensziel sein sollte. Einige gehen sogar so weit zu sagen, dass wir mit dem Streben nach Glück das Glück erst verjagen. Werden dadurch aber nicht ausdrücklich die Möglichkeiten, die ein angenehmes Leben bietet, abgewertet? Vielleicht kann das arabische Sprichwort weiterhelfen, welches besagt:

> Glück besteht in der Kunst, sich nicht zu ärgern, dass der Rosenstrauch Dornen trägt, sondern sich zu freuen, dass der Dornenstrauch Rosen trägt.

Selbstverständlich können wir uns auch eine Sichtweise der Philosophie zu eigenmachen, die besagt, dass Glück befördert wird durch ein tugendhaftes Leben. Handeln wir ethisch, vermehren wir damit automatisch das Glück unserer Mitmenschen. Andererseits: Haben wir nicht auch einen Anspruch darauf, unsere eigenen Ressourcen auszuschöpfen und unser Glücks- und Wohlbefinden zu steigern? Die Wissenschaft hat nachgewiesen, dass glückliche Menschen gesünder und auch länger leben. Es lohnt sich also, die verschiedenen Ansätze des Glücksstrebens zu durchdenken, um dann zu entscheiden, was von alledem wir für unser eigenes Leben fruchtbar machen und individuell umsetzen können.

Wie schon mehrfach betont, lässt sich jede Situation immer aus unterschiedlichen Blickwinkeln betrachten. In vielen negativen Situationen sind durchaus auch positive Aspekte erkennbar, wie auch umgekehrt. Zur Erfassung der Realität gehört es natürlich, *beide* Seiten zu berücksichtigen. Es gibt allerdings Menschen, die sich ausschließlich auf die negative Seite konzentrieren. So blenden sie einen anderen, den positiven Teil schlichtweg aus.

Unsere eigenen Überzeugungen beeinflussen unsere Wahrnehmung – dies ist hinlänglich bekannt und vielfach nachgewiesen. Deshalb sollten wir auf jeden Fall immer danach trachten, möglichst *alle* Aspekte einer Situation zu erfassen. Dies ist ein wirksames Mittel, nicht nur Negatives, sondern auch das Positive zu sehen und ein möglichst aktives Leben zu führen. Das bedeutet allerdings keinesfalls, sich der Realität gegenüber zu verschließen und blind für das Negative zu sein. Es verhilft vielmehr dazu, eine umfassendere Sicht zu erhalten und auf dieser Grundlage zu agieren. Dabei spielen natürlich die Ansprüche, die wir an uns und andere stellen, auch eine große Rolle.

Es ist durchaus reizvoll, sich hohe Ziele zu stecken. Doch zu hoch dürfen sie auch nicht sein. Denn mit den dadurch einhergehenden Enttäuschungen geraten wir leicht in ein negatives Fahrwasser. Daher ist es wichtig, eine Balance zwischen den eigenen Zielsetzungen und den tatsächlichen Möglichkeiten und Gegebenheiten zu schaffen – wobei auch das Erreichen von Teilzielen uns durchaus motivieren kann, denn so lässt sich ein (allmählicher) Fortschritt besser erkennen.

Überfluss ist nicht selten demotivierend. Es fällt auf, dass Menschen, die mit materiellen Gütern „gesegnet" sind, nicht zwangsläufig unbedingt zufrieden wirken. Ein Ziel zu erstreben kann zuweilen viel befriedigender und beglückender sein, als es zu erreichen. Die freudige Erwartung verschafft nicht selten mehr Glücksgefühle als das eigentliche Ankommen auf der Zielgeraden selbst. Von Shakespeare stammt das berühmte Zitat:

Ahnung ist Lust, doch im Genuss erstorben.

Vielfältige Erlebnisse und Zielsetzungen gehen zumeist einher mit einem gelingenden Leben. Denn immer, wenn wir uns neuen Situationen aussetzen, erfahren wir uns auch selbst neu – und empfangen befriedigende und beglückende Erlebnisse. Auch die Beschäftigung mit Ideen und Situationen, die uns positiv stimmen, innerlich befriedigen und entspannen, schaffen gute Voraussetzungen dafür, um wiederum neue, befriedigende Situationen zu erfahren und zu erkennen. Wesentliche Faktoren für unsere Ausgeglichenheit sind die eigene Selbstakzeptanz und gelingende soziale Beziehungen. Verallgemeinernd lässt sich zusammenfassend sagen, dass Aktivitäten dann zu unserem inneren Glück beitragen, wenn sie uns entsprechen und mit unseren inneren Überzeugungen übereinstimmen.

Passivität stellt immer ein Hindernis für unsere Entfaltungsmöglichkeiten und die Entdeckung nicht ausgeschöpfter Potenziale dar. Aktive Menschen gehen zwar Risiken ein, darunter auch das Risiko, Misserfolge zu erleben und mit schlechten Gefühlen fertig werden zu müssen. Ihnen steht aber zugleich die Möglichkeit offen, neue Dimensionen zu erkennen, bisher ungeahnte Facetten in sich wahrzunehmen, bisher ungeahnte Reaktionen für sich selbst zu erfahren und die eigenen Ressourcen besser auszuleben. Aktivität ist demnach eines der wirksamsten Mittel gegen eine negative Grunddisposition und bestens für das Ausschöpfen der in uns schlummernden Fähigkeiten geeignet. Dies belegen auch die Ergebnisse der Gehirnforschung, in denen nachgewiesen wurde, dass durch Bewegung und Aktivität das Gehirn stimuliert wird. Damit wird es zugleich wacher, aufmerksamer und offen für neue Eindrücke, Erkenntnisse und Erfahrungen.

Eine beherzte Herangehensweise an die täglichen Anforderungen, gepaart mit Entschlossenheit und Willenskraft, ist der Baustein für die Entwicklung einer größeren Sozialkompetenz und unterstützt zugleich bei der Entfaltung der eigenen Kreativität. Auch in der Psychotherapie zeigt sich immer wieder, dass ein Therapieerfolg zu 30 Prozent abhängt von der Qualität der therapeutischen Beziehung, aber nur zu 15 Prozent von dem jeweils zugrunde gelegten Behandlungsansatz und der medizinischen Schulrichtung. Auf dem Hintergrund einer positiven Beziehung lassen sich die vorhandenen Ressourcen bestmöglich zur Entfaltung bringen.

Mithilfe einer Vielzahl unterschiedlicher Entspannungsverfahren können wir uns in einen positiven psychischen Zustand versetzen. Gerade in einer beschleunigten Lebensumwelt sind Rückzugsmöglichkeiten wichtig. Auf diese Weise gelingt uns eine Rückbesinnung auf unsere wirklichen Bedürfnisse, was uns ermöglicht, die Anstrengungen einer Überstimulierung hinter uns zu lassen und im Entspannen zu erholen. Denn im Laufe der Menschheitsgeschichte hat sich unsere Umwelt ständig beschleunigt. Inzwischen haben wir Zugriff auf alle möglichen Informationen, auf politische und gesellschaftliche Veränderungen in aller Welt in Echtzeit – und das zu jeder Zeit und an jedem Ort. Dies führt unweigerlich rasch zu einer Überstimulierung. Wir verlieren vor lauter Möglichkeiten die Dinge, die uns guttun und die für uns wirklich wichtig sind, aus den Augen.

Auch mit positiven Vorstellungsbildern können wir uns immer wieder selbst beeinflussen und konditionieren. Bildhafte Vorstellungen sind ein hervorragendes Mittel, um uns in eine positive Stimmung zu versetzen. Beim bildhaften gedanklichen Ausmalen bestimmter Situationen erhöht sich die Wahrscheinlichkeit, dass wir in die Lage versetzt werden, solche Situationen auch herbeizuführen.

Die Beschäftigung mit positiven Dingen beeinflusst uns automatisch positiv. Kritiker dieser Denkweise wenden immer wieder ein, dass man sich damit lediglich auf einer recht oberflächlichen Ebene bewege. Doch auch seelische Tiefe lässt sich durchaus kraft positiver Einstellungen und Gedanken erreichen, die neue Möglichkeiten eröffnen und somit auch zu fundierten Erkenntnisgewinnen beitragen. Optimismus und Hoffnung sind positive Stimulanzien. Erst mit Aktivität und Zuversicht schaffen wir uns neue Möglichkeiten und erhöhen unsere Chancen auf bisher nicht gekannte Sicht- und Sehweisen. Das größte Hindernis ist dabei die Angst vor Misserfolg und die Angst vor Verletzung. Bei Abwägung aller Aspekte aber werden wir meistens zu der Erkenntnis gelangen, dass sich dosierte Risiken sehr wohl lohnen, wenn es darum geht, sich neue Freiräume zu schaffen.

Hier noch ein paar Aspekte, die zur Steigerung des Glücks beitragen können:

- Nicht nur die geistige Aktivität, sondern auch das konkrete Handeln ist für das Glück bedeutsam, denn Reflexion ist immer nur *ein* Aspekt von Aktivität.
- Es gibt sehr viele Wege zum Glück. Jede Vorstellung von Glück wird immer auch zu einem guten Teil von subjektiven Gesichtspunkten geprägt.
- Glück lässt sich nur erreichen, wenn wir uns nicht zu stark von Ideologien beeinflussen lassen und uns die Theorien des Guten und Schönen nicht allzu sehr beeindrucken.
- Das Bewusstseins- und Aktivitätsspektrum von glücklichen Menschen erweitert sich stets durch den Zugewinn neuer Sichtweisen.
- Aktivität ist eine der wichtigsten Voraussetzungen zur Erlangung positiver Gefühle.

* * *

Wie schon gesagt, ergeben Literaturrecherchen, dass zum Thema Depression und Angst wesentlich mehr publiziert wird als zum Thema Glück. Dies hat gewiss viele Gründe. Eine Begründung dafür ist aber sicherlich auch unsere Sichtweise auf das Leben, das hat dieses Buch in vielen Kapiteln herausgearbeitet – und man kann und muss es dennoch nicht oft genug wiederholen. Nur eben aus diesem Grunde auch befasst sich die Forschung mit dem Glück deutlich weniger als mit anderen Themenstellungen in diesem Zusammenhang.

Ein weiterer interessanter Aspekt ist, dass sich zwar unsere materiellen Lebensbedingungen in den letzten Jahrzehnten wesentlich verbessert haben, die Menschen aber dennoch bei Weitem nicht im gleichen Maße glücklicher geworden sind. Dies beschrieb bereits im Jahre 1974 Richard Easterlin mit dem sogenannten Easterlin-Paradox (Easterlin 1974). Sind die materiellen Verhältnisse erst einmal gut abgedeckt, lässt sich das Wohlbefinden durch ein weiteres Ansteigen des Einkommens nicht weiter erhöhen. Bei der Auseinandersetzung mit der Erforschung des Glücks stößt man zudem immer wieder auf die Bedeutung von Beziehungen: Menschen in glücklichen Beziehungen sind viel glücklicher als die meisten Singles oder als einsame Menschen.

Es gibt unterschiedliche Herangehensweisen bei der Bestimmung des Glücks. Auf die begrenzte Bedeutung materieller Güter hat bereits der römische Philosoph Seneca hingewiesen. Ihm zufolge ist derjenige Mensch am glücklichsten, dem nichts geraubt werden kann. Auch der Buddhismus befasst sich immer wieder mit der Frage nach dem Glück, freilich unter anderen Vorzeichen. Aber könnte es sein, dass die Glücksdiskussion einen ganz falschen Ansatz hat? Dass Leben vielmehr immer auch Leiden bedeutet und daher das Streben nach Glück in die falsche Richtung geht?

Die meisten Religionen beschäftigen sich neben vielen anderen Fragestellungen auch mit der Frage nach der Zufriedenheit und dem Glück, wobei hier die Spiritualität im Vordergrund steht. Aber ebenso sind auch Themen wie Verzeihen, Dankbarkeit und die Frage nach einem tugendhaften Leben von Interesse. Möglicherweise nähern wir uns gerade dann dem Glück, wenn wir *nicht* an ihm arbeiten oder es erstreben wollen. Eine allzu starke Richtungslenkung des Lebens kann mitunter dazu führen, dass der Kontakt zu eigentlichen und wesentlichen Seiten des Lebens verloren geht. Und nicht selten wurde beim Nachsinnen über das Glück immer auch die Frage laut, ob es sich überhaupt beeinflussen lässt oder ob nicht vielmehr Zufall und Schicksal ausschlaggebend dafür seien.

Untersuchungen zeigen immer wieder, dass die Menschen in hoch industrialisierten Ländern häufig weniger glücklich sind als Menschen, die zwar in materiell einfachen Verhältnissen leben, aber über ein wesentlich besseres soziales Netz verfügen, bei dem die gegenseitige soziale Unterstützung im Vordergrund steht. Glück korreliert in hohem Maße mit den sozialen Beziehungen und Bindungen, die der Einzelne in der Lage ist aufzubauen. Bei allen Überlegungen wird die subjektive Seite des Glücks auch immer wieder beschrieben. Als klassisches Beispiel hierfür dient das Märchen von Hans im Glück: Im Tausch seiner materiellen Dinge gegen immer wieder scheinbar weniger Wertvolles, wird ihm zugleich das Gefühl zuteil, zunehmend glücklicher zu werden.

Auch Naturerlebnisse lösen in uns intensive Glückszustände aus. Das Gefühl des Eins-Seins mit der Natur lässt uns unseren Alltag vergessen, die Faszination der Umgebung trägt uns für Augenblicke. Dieses Sich-Fallenlassen macht aber zugleich einmal mehr deutlich, wie sehr das bewusste, aktive Streben nach Glück kontraproduktiv ist für sein Erreichen. Glück stellt sich nie nur einfachhin auf Knopfdruck ein. Natürlich spielt auch das sinnliche Glück eine wichtige Rolle und bereichert unser Leben. Eine starke Quelle des Glücks kann aber auch ein gutes moralisches Leben sein, das Konflikte vermeidet und Rücksicht auf die Beziehungspersonen nimmt. Ebenso ist unser persönliches Schaffen und Wirken, unsere Kreativität, unser Engagement für jemanden oder etwas sinnstiftend und hat damit einen starken Einfluss auf unser Glücksempfinden. Allein schon das Betrachten des Ergebnisses einer gelungenen Arbeit, Handlung, Aktion löst unweigerlich Zufriedenheit aus. Und manchmal sogar Glück. Eine Zunahme von Glück lässt sich auch dadurch erreichen, mehr zu wagen und sich ganz neue Bereiche im Leben zu erschließen. Ebenso sind die eigenen Geistesgaben und die eigene Spiritualität wichtige Quellen des Glücks. Wenn sich unser Denken für viele unterschiedliche Dinge interessiert oder sich leidenschaftlich auf ein spezielles Gebiet fokussieren kann, steigt die Zufriedenheit automatisch in erheblichem Maße.

Viele Untersuchungen zeigten immer wieder, dass bei Befragungen Themen wie Gesundheit und Familie an oberster Stelle rangieren, ebenso wie zwischenmenschliche Beziehungen. Auch kann das hedonistische Vergnügen für die Glückserfahrung genauso wichtig sein wie ein tugendhaftes Handeln und ein erfülltes Leben, das Spuren hinterlässt und in Mitmenschen positive Gefühle hervorruft. Nicht zuletzt ist die Entfaltung des eigenen Selbst für das Glücksempfinden keinesfalls zu unterschätzen. Sind wir in der Lage, unsere Anlagen und Bedürfnisse zu entfalten, gelingt es uns zugleich eher, positiv auf unsere Umwelt einzuwirken und mit Konflikten, die unausweichlich sind, konstruktiv umzugehen. Schließlich sei auch an dieser Stelle noch einmal der Bereich der sportlichen Betätigung erwähnt. Der Zusammenhang zwischen Sport und einer höheren Zufriedenheit ist durch viele Studien nachdrücklich belegt.

Es ist hinreichend bekannt, dass sich Glück durch Aktivität und Freundschaften steigern lässt. Sportliche Betätigung führt zu einer höheren Zufriedenheit ebenso wie die Aktivitäten in der Familie oder im Freundeskreis. Manchmal lässt sich die Zufriedenheit auch dadurch steigern, wenn wir das eigene Leben vereinfachen, also beispielsweise bewusst den Fernsehkonsum reduzieren, die Informationsaufnahme auf wenige, wirklich wichtige Quellen einstellen, genügend Entspannungsphasen berücksichtigen und uns mehr auf Dinge konzentrieren, die uns wirklich guttun. So trägt etwa das Hören schöner, interessanter Musik zu einer größeren Entspannung und Befriedigung bei, wie auch sportliche Aktivitäten und der Aufenthalt in der Natur zu immer wieder neuen Erlebnissen und vertieften Wahrnehmungen führen können.

* * *

Positives Denken kann uns – bei aller Kritik, die auch immer wieder dagegen vorgebracht wird – zu einer aktiveren Lebenseinstellung und -gestaltung führen und lässt uns die Dinge von einer angenehmeren Seite sehen. Auch die Fokussierung auf die Gegenwart vermag von Sorgen abzulenken und eröffnet somit neue Chancen. Wesentlich ist für jedes Glücksgefühl auch die Akzeptierung der eigenen Person. Wenn man ständig mit sich selbst in Streit liegt, wird dies unweigerlich auch permanent unangenehme Gefühle in uns hervorrufen. Der Einklang mit sich selbst, das Erkennen der eigenen Möglichkeiten wie auch der Grenzen sowie positiv formulierte Zielsetzungen tragen erheblich zu einem gelingenden Leben voller Glücksgefühle bei.

Zu warnen ist übrigens davor, alle Tipps, die in der sogenannten Ratgeberliteratur zum Glücklichsein vorgetragen werden, umsetzen zu wollen, denn nicht jeder Ratschlag ist für jede Persönlichkeitsstruktur geeignet. Wir sollten bemüht sein, aus dem Angebot all diejenigen Vorschläge herauszufiltern, die zu uns passen und bei denen wir „ein gutes Gefühl" haben. Nicht das Glück an sich ist permanent anzustreben, sondern wir sollten vielmehr diejenigen Beschäftigungen, Strategien und Aktivitäten erkennen, die in uns positive Stimmungen erzeugen. Und allein schon, dass wir uns kognitiv mit dem Thema Glück befassen, wird sich vermutlich auf unser Grundgefühl positiv auswirken.

Es gibt viele kleine Bausteine, die zu einem Glücksgefühl beitragen. Das kann ein guter Film sein, der lange in uns nachwirkt und vielleicht sogar neue Perspektiven eröffnet, das können kleine Geschenke oder ein nettes Kompliment sein, das positive Gefühle in uns auslöst und unser eigenes Wohlbefinden steigert. Und immer wieder sollten wir uns auch die Frage stellen, ob sich Glück überhaupt erreichen lässt. Bereits Aristoteles sann darüber nach, was das gute Leben ist. Dabei stellte er nicht so sehr das persönliche Glücksstreben in den Vordergrund, sondern vielmehr die Reflexion über das eigene Leben, das auch über die individuelle Person hinausweist.

Zu allen Zeiten wurden immer wieder sechs Tugenden für ein gelingendes Leben genannt: Weisheit und Wissen, Mut, Liebe und Humanität, Gerechtigkeit, Mäßigung, Spiritualität und Transzendenz. Ebenso kann Dankbarkeit erheblich dazu beitragen, das persönliche Glücks- und Zufriedenheitsgefühl zu steigern – wobei Dankbarkeit dabei selbstredend natürlich immer aufrichtig sein muss. Viele Menschen sind schlichtweg nicht dazu in der Lage, Dankbarkeit auszudrücken. Damit aber verzichten sie auf die Möglichkeit, anderen Menschen positive Gefühle zu vermitteln, die wiederum durch positive Reaktionen zurückgegeben werden. Dabei kann sich Dankbarkeit nicht nur auf andere Menschen richten, sondern wir können Dankbarkeit beispielsweise auch empfinden gegenüber der Natur, die uns umgibt, oder gegenüber der Spiritualität, die wir in uns wahrnehmen. Nicht ohne Grund spielt Dankbarkeit immer auch in vielen Religionen eine wichtige Rolle und beeinflusst das soziale Leben in ganz erheblichem Maße.

Umgekehrt können wir anderen Menschen übrigens auch zu Dankbarkeit verhelfen, wenn wir selbst etwas Gutes und Sinnvolles tun. Damit erhöht sich automatisch die Wahrscheinlichkeit, dass uns Dankbarkeit entgegengebracht wird. Zudem ermöglichen wir es anderen, kraft dieser Dankbarkeit zufriedener zu werden. Mit Dankbarkeit können wir also gleichzeitig unsere positiven Emotionen erweitern, uns angenehmen sozialen Situationen aussetzen und unser Bewusstsein über das eigene Ich hinaus erweitern.

Ähnliche Effekte wie die Dankbarkeit kann auch die Vergebung haben, indem wir erfahren, wie wir spannungsreiche Situationen entspannen. Solange wir am Ärger festhalten, konservieren wir die unangenehmen Emotionen und begeben uns der Chance, uns selbst und andere positiver zu stimmen. Vergebung dient also nicht zuletzt auch der eigenen physischen Gesundheit, da wir gelöster werden und auch anderen dazu verhelfen.

Die positiven Auswirkungen von Sport sind vielfältig beschrieben worden. Sport stärkt und entspannt nicht nur den ganzen Körper, sondern er hat auch einen erheblichen Einfluss auf die Psyche und auf unser Glücksempfinden. Sport stärkt das Selbstwerterfühl, es ist uns möglich, in Flow-Aktivitäten zu kommen und unsere Psyche auf vielfältige Weise positiv zu beeinflussen. Aber auch die Art unseres Denkens profitiert vom Sport.

Dinge lassen sich immer aus zweierlei Perspektiven betrachten, einer positiven und einer negativen. Sind wir allzu optimistisch und sehen die Dinge vor allem ständig positiv, birgt dies die Gefahr auch einmal falscher, nicht realitätskonformer Einschätzungen. Andererseits aber erhöhen wir mit dieser Sichtweise die Chancen, Dinge positiv zu beeinflussen, einfach weil wir motivierter und aktivierter an die Situation herangehen.

Unser Denken kennt sowohl Aufwärts- wie Abwärtsspiralen, aber es ist gut zu wissen, dass wir selbst es in der Hand haben, sie in die eine oder andere Richtung zu beeinflussen. Dabei motivieren uns positive Denkweisen grundsätzlich dazu, fortgesetzt weitere angenehme Situationen anzustreben. Wir werden also auf diese Weise zu neuen Aktivitäten herausgefordert. Auch die Vergegenwärtigung zurückliegender positiver Lebensereignisse verfestigt eine angenehme Grundstimmung. Gerade in für uns bedrückenden Situationen neigen wir hingegen dazu, sich in diesen zu verlieren und sie unzulässig zu verallgemeinern – zum Schaden für uns selbst und für andere.

Wie das Imaginieren positiver Bilder beeinflusst uns auch das Schreiben in einer dem Glück zuträglichen Weise, da wir dabei unsere Gedanken konkretisieren. Ein solches aktives Sich-Gedanken-Machen hat einen ungleich stärkeren Einfluss auf uns, als wenn wir nur in ganz allgemeiner Form über etwas nachsinnen.

Immer wieder wird darauf hingewiesen, dass Glück nicht unbedingt willentlich angestrebt werden sollte. Erst eine positive, aktive Lebensweise erhöht die Chancen erheblich, Glücksmomente zu erleben – und eben nicht das Streben danach. Bei einem sinnvollen, nützlichen Leben stellen sich nämlich Glücksmomente ganz von selbst ein, ohne dass dem eine angestrengte Suche vorausgeht. Und auch die allzu starke Erwartungshaltung eines erhofften positiven Ereignisses mündet nicht selten in

Enttäuschung – eben weil wir uns zu sehr auf diesen einen Punkt konzentriert haben, statt zu berücksichtigen, dass noch viele andere Faktoren darüber hinaus eine Rolle spielen.

Die Art und Weise, mit der wir mit unseren Erinnerungen an positive Ereignisse herangehen, ist ebenfalls von nicht unwesentlicher Bedeutung. Wenn wir beispielsweise eine Situation oder ein Ereignis in positiver Erinnerung behalten wollen, sollten wir auf jeden Fall darauf achten, dass ein solches Ereignis unbedingt auch mit einer positiven Stimmung endet. So nämlich behalten wir das gesamte Geschehen in positiver Erinnerung, selbst wenn hier und da kleine Misshelligkeiten waren.

Auch die Möglichkeit allzu vieler Optionen ist sicherlich nicht ausschlaggebend für unsere (Lebens-)Zufriedenheit. Bei unendlich vielen Wahlmöglichkeiten gilt es, sich zunächst einen Überblick über das Angebot zu verschaffen. Dies aber frisst Zeit und Energie – und lässt uns schlimmstenfalls am Ende sogar mit dem Gefühl einer falschen Entscheidung zurück. Insofern trägt Überschaubarkeit in den meisten Fällen viel eher zu unserem Wohlbefinden bei.

Literatur

Zitierte Literatur

Aristoteles. 2019. *Philosophische Schriften in sechs Bänden*, Hrsg. v. Günter Bien, Wolfgang Detel, Claus Corcilius, Hermann Bonitz und Eugen Rolfes. Hamburg: Felix Meine.
Buchheim, Thomas, et al., Hrsg. 2003. *Kann man heute noch etwas anfangen mit Aristoteles?* Hamburg: Felix Meiner.
Easterlin, Richard A. 1974. Does economic growth improve the human lot? In *Nations and households in economic growth: Essays in honor of Moses Abramovitz*, Hrsg. Paul A. David und Melvin W. Reder, 89–125. New York: Academic Press.
Seneca. 1960. *Moralische Briefe*. Ausgewählt und übers. v. Hermann Martin Endres. München: Goldmann.
Seneca. 2009. *Vom glücklichen Leben*. Übers. v. Otto Apelt. Wiesbaden: Marixverlag.
Shakespeare, William. o. J. *Sämtliche Werke*. Berlin: Zweitausendeins.

Weiterführende Literatur

Goldberg, Lewis. 2004. *Personality topics*. London: Taylor & Francins Inc.

10

Das Paradoxe am Glück

Wie ist es zu erklären, dass sich in einigen Entwicklungsländern die Menschen glücklicher einschätzen als Menschen in prosperierenden Industrieländern mit hohem Lebensstandard? Dieses Phänomen wird auch als Glücksparadox bezeichnet. Es verdeutlicht nämlich, dass ab einem bestimmten Einkommen das Glücksempfinden nicht mehr im gleichen Maße steigt wie der Zugewinn an Geld. Selbstverständlich ist die Absicherung unserer Grundbedürfnisse wesentlich für unsere Zufriedenheit. Vieles jedoch, was über diese Grundbedürfnisse hinausgeht, macht uns nicht unbedingt zufriedener und glücklicher, im Gegenteil: Allzu großer Reichtum kann sogar in die Isolation führen, indem sich andere schlichtweg von uns abwenden. Ab einer bestimmten Einkommenshöhe und einem bestimmten Vermögen korrelieren Besitz und eine entsprechende Steigerung des Glücksempfindens nicht mehr miteinander. Bei prekären finanziellen Verhältnissen spielt die Höhe des Einkommens selbstverständlich für das Glücksempfinden eine bedeutsame Rolle, doch ab einem bestimmten Einkommensniveau sind andere Faktoren, etwa die Lebensqualität, das Vertrauen und persönlichen Beziehungen viel ausschlaggebender für unser Glücksempfinden.

Viele Vorschläge und Empfehlungen präsentieren Lebensweisen, die angeblich glücklich machen. Allerdings: Ständiges Wohlfühlen, die ununterbrochene Anhäufung von Glückserlebnissen im Leben ist mehr als unwahrscheinlich. Vielmehr fällt Glück uns zufällig zu. Ein dauerhaftes Glücksgefühl ist sehr unwahrscheinlich und nicht zuletzt Grund bei vielen Menschen für Enttäuschungen.

Leben erfordert, häufig auch mit Gegensätzen klarkommen zu müssen. Kein Mensch kann ausschließlich und immer Erfolg für sich verbuchen, ein jeder kennt auch Kummer, Ärger und Schmerz. Zwar streben wir Glück, Liebe und Gelassenheit an, können diesen Zustand aber nie dauerhaft verwirklichen und darin verweilen. Eher erleben wir häufiger punktuelles Glück, zu dem uns eine scheinbar unwichtige Situation unvorhergesehen verhelfen kann. Es gilt, auch die negativen Aspekte des Lebens zu akzeptieren. Ein Anspruch, sich ständig gut zu fühlen, ist schlichtweg unerfüllbar. Einen Sinn im Leben zu suchen, vielleicht auch zu finden, ist häufig viel wichtiger als permanentes Glück.

Wir alle wollen uns ständig vervollkommnen, können dies aber immer nur ansatzweise erreichen. Der unablässige Versuch einer Selbstoptimierung kann sogar zu einer allgemeinen Unzufriedenheit erheblich beitragen. Paradiesische Zustände lassen sich auf dieser Welt, das lehrt die Erfahrung, nicht erreichen. Wir müssen zur Kenntnis nehmen und vor allem akzeptieren, dass sich unser Leben in Polaritäten abspielt. Viele Situationen erleben wir als durchaus sehr angenehm, genauso sind wir aber immer auch mit unangenehmen Situationen konfrontiert. Dies lehrt die Erfahrung und ist die Realität, sollte uns aber dennoch nicht davon abhalten, angenehme Situationen bewusst zu suchen und dann auch bewusst zu durchleben.

Die Anzahl glücklicher Momente können wir zwar vermehren und zudem müssen wir auch das Negative im Leben akzeptieren. Das Erreichen eines punktuellen Glücks ist wahrscheinlich realistischer als die Erfüllung der Hoffnung auf einen permanenten Glückszustand. Das verbissene Streben danach lässt uns sogar unglücklicher werden. Wir müssen akzeptieren, dass das Leben eine Mixtur aus glücklichen und weniger glücklichen Situationen ist. Viel wichtiger als ein permanentes Glück ist wahrscheinlich, den uns gemäßen Lebenssinn zu finden.

Es gibt den schönen Satz: „Wenn der Intellektuelle nicht unter der Welt litte, wäre er kein Intellektueller." Nur derjenige, der vieles durchschaut, die positiven wie auch die negativen Aspekte des Lebens, kann die Realität wirklich erkennen. Beides gehört zu unserer Existenz. Erst wenn wir die vielen Facetten realisieren, gewinnen wir ein realistisches Bild für das, was machbar ist und was wir anstreben sollten.

Für manche Menschen ist das Glück nicht das Wichtigste. Sie suchen vielmehr nach einem Sinn, streben nach Erkenntnis, um ihr Leben zu bereichern. Die Suche nach dem Glück hat Menschen allerdings seit Anbeginn stets angetrieben, schon Platon und Epikur haben sich auf diese Frage eingehend eingelassen. Und im 18. Jahrhundert forderte Thomas Jefferson sogar pointiert: Das Glücksstreben solle in der Unabhängigkeitserklärung der Vereinigten Staaten als Grundrecht verankert werden.

Ein Hochgefühl von Glück entsteht immer dann, wenn der Körper Endorphine, also körpereigene Opiate ausschüttet. Das Glück durchströmt dann sozusagen den ganzen Körper. Die Forschung ist uneins dahingehend, was letzten Endes Glück wirklich auslöst beziehungsweise worin die Ursachen zu suchen sind. Eine Gruppe hebt die Bedeutung der Gene als wesentlich hervor, andere wiederum sehen Glück auch abhängig von den Erwartungshaltungen an das Leben. Zudem gibt es auch die Ansicht, dass für das Glück insbesondere die Lebensumstände und der Zufall ausschlaggebend seien.

Glück und Unglück gehen häufig Wechselwirkungen ein. Hat jemand ein starkes Glücksempfinden, kann dies manchmal umso schneller in eine starke Unzufriedenheit umkippen. Wenn wir Forderungen an unser Gehirn stellen, wird unser Gehirn unweigerlich auch mehr leisten und mehr Möglichkeiten entwickeln. Denn es funktioniert wie ein Muskel. Wir müssen uns selbst gut kennen, unsere eigenen Gefühle akzeptieren und unsere Gedanken in eine positive Richtung lenken. Allerdings werden wir dabei durch private und berufliche Erwartungen auch oftmals eingeengt, unsere wirklichen Bedürfnisse können wir dann nur eingeschränkt verwirklichen. Ebenso können uns die hektische Welt der Metropolen, neue Technologien, schnelle Verkehrs- und Informationsströme und ähnliches von unseren wirklichen Bedürfnissen abhalten.

Jeder von uns kennt das: Wir alle haben positive und negative Erfahrungen und Erlebnisse. Eine größere Zufriedenheit stellt sich in der Regel dann ein, wenn wir uns vor allem auf Personen mit positiven Erfahrungen einlassen. Ebenso steht das ständige Bedürfnis, immer mehr haben und immer mehr erreichen zu wollen, einem Glücksgefühl im Wege. Viele Menschen haben sogar *zu* viel in ihrem Leben erreicht, um glücklich zu werden. Denn die Wünsche werden automatisch zusehends größer, die Forderungen umfassender – mit der Folge, dass die Unzufriedenheit wächst.

Die ständige Beschleunigung aller Lebensprozesse, die ständige Erreichbarkeit und die ständige Möglichkeit der Verfügbarkeit entfernen uns von unseren eigenen Bedürfnissen. Dies zeigt sich gerade, in der Zufriedenheit, die wir in der Natur empfinden, wenn wir zur Ruhe kommen. Wir sind dann glücklicher, weil wir uns eins fühlen mit unserer Umgebung. Deshalb ist nicht der Rausch der Gefühle anzustreben, sondern es sind die unspektakulären, kleinen Glücksgefühle, die sich wiederholen lassen. Vielfach ist es schon hilfreich, einige wenige Dinge in unserem Leben zu verändern. Dann erleben wir verstärkt ein punktuelles Glück, das uns zufriedener werden lässt. Glückliche Menschen verdrängen ihr Leid nicht, denn das Glück führt nicht *um* das Leid *herum*, sondern *durch* das Leid *hindurch*. Nicht umsonst hängen für viele Philosophen Glück und Unglück untrennbar zusammen.

* * *

Was also sind, zusammengefasst, Glücksauslöser?

Ein Teil der Forschung geht davon aus, dass das Glücksempfinden zu 50 Prozent genetisch bedingt sei. Das hieße also, dass wir unser Glück nur bedingt beeinflussen können. Dennoch spielen andere Faktoren, egal, wie sie nun im Einzelnen gewichtet werden, auf jeden Fall eine große Rolle. Und nicht zuletzt ist vor allem die persönliche, subjektive Einschätzung von großer Bedeutung. Die Relativität des Glücksempfindens zeigt sich außerdem auch daran, dass das Hochgefühl eines Geldgewinns beispielsweise höchstens ein halbes Jahr anhält.

Negative Gefühle wie Schmerz und Wut wirken im Menschen manchmal nur kurzfristig nach. Und auch das Alter spielt eine große Rolle für das Glücksempfinden. Der erste Höhepunkt der Zufriedenheit wird im

Alter von circa zwanzig Jahren erreicht. Ab dann senkt sich die Zufriedenheitskurve allmählich bis etwa zu unserem 40. Lebensjahr. Danach geht es wieder bergauf, es zeigt sich ein langsamer, stetiger Anstieg der Zufriedenheitskurve, die kurz vor dem Rentenalter einen weiteren Höhepunkt erreicht.

Gute freundschaftliche Beziehungen, Harmonie in Partnerschaft und Familie sind für das Glücksempfinden, wie mehrfach schon betont, ganz entscheidend. Aber auch Kleinigkeiten tragen zu dieser Grundstimmung bei. Sogar bereits ein Sonnentag, freundliches Wetter, steigert unsere Zufriedenheit und unser Glück. Eine weitere Komponente für das Glück sind allerdings auch ein interessantes Leben, ein anregendes Umfeld, eine dosierte Risikobereitschaft und eine starke Neugier. Auch das Bild eines Aufbruchs und neuer Erwartungen kann in uns das Glücksgefühl steigern. Die Erfahrung, von neuem, die Chance zu entdecken, ist wichtig für einen jeden Menschen. Immer bewegen wir uns zwischen Sicherheit und Gefahr. Es gilt, hier einen Mittelweg, eine Balance zu finden, um unser Leben interessant zu machen. Jede Weiterentwicklung, jede Vorwärtsbewegung bringt neue Erfahrungen mit sich. Nur mit einer optimistischen Grundeinstellung gelingt das Wagnis hinaus auf neues Terrain. Aber gerade Neues mit all seinen Möglichkeiten macht das Leben abwechslungsreich und interessant.

Nicht zuletzt die Mobilität hat im Laufe der Menschheitsgeschichte zur Erweiterung der menschlichen Möglichkeiten geführt, war Ansporn für einen permanenten Aufbruch in eine bessere Welt und Motivation, Neues zu entdecken und zu erreichen. Der Nationalökonom und Politiker Joseph Schumpeter hat mit seinem Begriff der „schöpferischen Zerstörung" das Fundament der Innovation erkannt. Eine permanente Unruhe eröffnet neue Möglichkeiten (Schumpeter 1993).

Das digitale Zeitalter hält bei aller Unüberschaubarkeit eine Fülle von Herausforderungen und Chancen für uns bereit. Samuel Beckett gibt Antwort auf diese Herausforderungen:

> Immer versucht, immer gescheitert, wieder versuchen, besser scheitern.

Unsere Wachstumskultur zwingt uns zu einer beschleunigten Lebensweise und zu unvorhersehbaren Entscheidungen. Möglicherweise bewegen wir uns in die Richtung auf eine postmaterielle Informationsgesellschaft hin, die noch völlig ungeahntes Glückspotenzial in sich birgt. Die Prinzipien der Besitzergreifung und der Aneignung können im Laufe der weiteren Entwicklung infrage gestellt werden. Unsere Auffassung von Glück wird vielleicht eine völlig neue Wende nehmen. Unter Umständen werden Sorgen und Verantwortung immer größer – und erweitern zugleich unsere Spielräume.

Zukunftsforscher stellen immer wieder fest, dass es Menschen gibt, die unzufriedener sind, je besser es ihnen geht. Sie bezeichnen dies als das sogenannte Unzufriedenheitsparadox. Überfluss macht also nicht zwangsläufig glücklich. Dieser wichtigen Erkenntnis verschließen sich jedoch viele Menschen, indem sie zunehmend materiellen Gütern hinterherjagen. Aber eins ist gewiss: Wenn wir bereits drei Autos besitzen, macht uns das vierte mit Sicherheit nicht *noch* glücklicher.

Manch eine und manch einer betrachtet die zukünftige Entwicklung, zumal in unserer westlichen Gesellschaft, negativ, obwohl die Wahrscheinlichkeit hierfür relativ gering ist. Dennoch: Die Anzahl der Skeptiker steigt. Wie ist das zu erklären? Das Unzufriedenheitsparadox lässt sich dadurch erklären, dass mit steigendem Wohlstand auch die Ansprüche immer größer werden. Und einhergehend damit steigt die Angst, alles wieder zu verlieren. In unserer gewohnten Umgebung vergleichen wir uns ständig mit anderen – und stellen dabei fest, dass es vielen deutlich besser geht, obwohl es uns selbst bereits sehr gut geht. Damit wird der Neidfaktor umso größer, je besser es uns geht. Er ist also ein regelrechter „Glückskiller".

Dänemark zählt bei jedem Ranking regelmäßig zu den zufriedensten Völkern der Erde und nimmt zumeist Platz eins ein. Das dänische Gefühl der Zufriedenheit wird als „Hygge" bezeichnet. Damit ist ein Lebensgefühl gemeint, das einfach glücklich macht. Es besteht im Zusammensein mit Freunden und Bekannten. Zu diesem Erlebnis der Gemeinschaft gehören auch ein gutes Essen, Kerzenschein und eine entspannte Atmosphäre. Dieses Gefühl lässt sich als „Beseeltheit" beschreiben. Dabei stellt sich ein hohes Maß an Intimität, Vertrautheit ein, was eine angenehme Stimmung und Wohlgefühl erzeugt. „Hygge" entsteht also immer dann, wenn man mit Leuten zusammen ist, die einem vertraut sind und in deren Gesellschaft man sich sicher fühlt.

10 Das Paradoxe am Glück

Dänemark steht wahrscheinlich auch nicht zuletzt deswegen an erster Stelle der Länder mit dem höchsten Glücksgefühl, weil es ein komfortables Sozialsystem hat, bei dem Ausbildung, Krankenkosten und Renten gesichert sind. Widersprüchlich zu dem hohen Glücksgefühl-Level mutet allerdings die Tatsache an, dass Dänemark eine der höchsten Scheidungsraten in Europa aufweist, ebenso wie einen hohen Konsum von Psychopharmaka.

* * *

Die ständige Suche nach Glück kann auch dazu führen, dass wir das Gegenteil dessen erreichen. Glück ist häufig eine flüchtige Erscheinung und lässt sich nicht immer durch Anstrengung erzwingen. Wenn wir ständig auf der Jagd nach dem Glück sind, laufen wir Gefahr, viel kostbare Zeit zu verlieren. So geraten die wirklichen Ursachen des Glücks aus unserem Blick. Auch kann ein ständiges persönliches Engagement bei der Glückssuche damit einhergehen, dass wir Entspannungsphasen und Glücksempfinden gar nicht mehr wahrnehmen.

Das Gefühl, über mehr Zeit zu verfügen, lässt unweigerlich eine entspanntere und zufriedenere Befindlichkeit entstehen. Dies sollte Anlass dafür sein, uns größere zeitliche Freiräume zu schaffen, um beispielsweise die Natur zu genießen und uns aus Spannungssituationen herauszuziehen. Übertriebenes Glücksstreben geht sicherlich manchmal auf Kosten der Zufriedenheit.

Kann jemand glücklich sein, der völlig auf sich allein gestellt ist? Wirkliches Glück können wir nur empfinden, wenn es von anderen kommt. Unsere Mitmenschen sind für unsere Entfaltung der eigenen Persönlichkeit äußerst wichtig. Wir benötigen Gesprächspartner, Rückmeldungen und Möglichkeiten, die eigenen Gedanken im anderen zu reflektieren. Liebevolle Beziehungen im menschlichen Miteinander spielen eine ganz wesentliche Rolle. Dazu gehören Freunde, Bekannte, Familienangehörige und der Partner.

Nicht wenige beschneiden ihr eigenes Glück, indem sie sich zu sehr mit anderen vergleichen. Es gibt immer Menschen, denen gegenüber wir im Vergleich schlechter abschneiden – wie auch der umgekehrte Fall häufig gegeben ist. Das große Übel aller Vergleiche besteht aber darin, dass darunter die Kommunikation leidet, denn unbewusst geben wir anderen dabei nicht selten zu verstehen, dass wir uns doch – zumindest ein klein wenig – überlegen fühlen. Damit aber werten wir andere Menschen unnötig ab und durchschauen zu wenig den unerfreulichen Vergleich, der die Kommunikation erschwert. Und zudem leidet auch die eigene Zufriedenheit erheblich darunter, wenn wir uns mit den falschen Menschen vergleichen.

Wie gelingt es nun aber, Vergleiche mit anderen Menschen zu lassen? Hat man erst einmal die mit ihnen verbundenen negativen Mechanismen durchschaut, sollte es wohl auch gelingen, sich darüber hinwegzusetzen und dieses Sich-mit-anderen-Messen sein zu lassen – oder zumindest ein wenig zu relativieren. Denn Maßstäbe für das eigene Leben lassen sich auch unabhängig von anderen entwickeln, ohne zugleich auf Rückmeldungen dazu verzichten zu müssen.

Auch gilt es, die eigenen Zielsetzungen immer wieder zu hinterfragen. Diese Flexibilität unterstützt dabei, Situationen neu zu bewerten und neue Maßstäbe zu entwickeln. Selbst aus einer Niederlage lassen sich für unser Leben wichtige Erkenntnisse gewinnen. Und nicht selten sind sie sogar Motivation und Ansporn für unsere weiteren Ambitionen.

Bei der Beschäftigung mit Glücksphänomenen stößt man immer wieder auf ein Paradox: Es gibt Menschen in Entwicklungsländern, die wesentlich glücklicher und zufriedener sind als Menschen in reichen Ländern. Wie ist das zu erklären? Selbstverständlich sind finanzielle Grundlagen zur Sicherung des Lebens bedeutsam. Darüber hinausgehende Einkommenssteigerungen führen aber nicht automatisch auch zu einem stärken oder intensiver erlebten Glück. Hierfür viel ausschlaggebender sind persönliche Beziehungen, Freiheit, Lebensqualität, Gesundheit und Vertrauensverhältnisse, weit mehr als der über das Erforderliche hinausgehende finanzielle Rahmen. Gerade die Pflege enger persönlicher Beziehungen trägt in großem Maße zur Steigerung des persönlichen Glücks bei. Vor allem Letzteres, also die Aufrechterhaltung vieler enger freundschaftlicher Beziehungen, kann jedoch auch dazu führen, dass Überbelastungsphänomene auftreten und man nicht mehr in der Lage ist, seinen Beziehungen gerecht zu werden.

10 Das Paradoxe am Glück

Eine große Wohlstandsungleichheit innerhalb eines Landes kann Ursache für Unzufriedenheit auf allen Seiten sein. In solchen Biotopen vergleichen sich Menschen unweigerlich viel stärker miteinander, Neid oder auch Mitleid werden begünstigt. Bereits Aristoteles sagte, dass wir das Meiste tun, um glücklicher zu werden, wobei sich auf dem Weg dorthin allerdings eine Vielzahl von Missverständnissen einschleichen. So nehmen wir harte Arbeit in Kauf beim Streben nach Erfolgen in der Annahme, damit den Glückszustand zu steigern. Doch auch die Gelassenheit, bestimmte Dinge hinzunehmen, kann zu einem ausgeglichenen Glückszustand führen.

Erst wenn persönliche Interessen verbunden werden mit sozialen Verpflichtungen, erhöhen sich die Chancen für das Erleben von Glückszuständen. Auch der Lebenssinn, den der einzelne Mensch empfindet, spielt dabei eine große Rolle, ebenso wie Dankbarkeit. Wenn wir überwiegend erfreuliche Dinge in unserm Kopf abgespeichert haben und darüber nachsinnen, werden wir unserem Leben unweigerlich auch eine positive Richtung geben. Damit einher geht immer auch ein Gefühl von Dankbarkeit, da wir nie isoliert leben, sondern stets auch der Unterstützung anderer Menschen bedürfen..

Eine ständige Neugierde ist Voraussetzung dafür, dass wir uns immer wieder bisher unentdeckte Bereiche erschließen, was die Einsicht in neue Möglichkeiten zum Wachstum verstärkt – eine nicht zu unterschätzende Quelle des Glücks. Doch auch dazu, eigene Talente zu erkennen und zu fördern, bedarf es der Unterstützung anderer Menschen. Das Glücksempfinden, so ergeben immer wieder Umfragen, wird auch sehr stark gesteuert durch die Teilhabe in der Familie. Für 70 Prozent aller Menschen haben Freundschaften einen hohen Wert und rangieren an erster Stelle. 31 Prozent schätzen ein gutes finanzielles Polster als essenziell für das Glück ein, „Spaß haben" ist für 44 Prozent von großer Bedeutung zur Erreichung von Glück und 52 Prozent sehen Kinder als eine Glücksquelle an. Untersuchungen zeigen auch immer wieder, dass Männer ein starkes Glücksempfinden aus der Selbstverwirklichung beziehen, Frauen hingegen aus dem Sozial- und Wohlgefühl.

Auch das Führen eines Glückstagebuches kann erheblich zur Zufriedenheit beitragen. In diesem Glückstagebuch werden angenehme, erfreuliche Ereignisse beschrieben, die Bewusstmachung solcher Ereignisse führt unweigerlich zu einer größeren Zufriedenheit. Überdies verhelfen uns Zustände der Entspannung zu sehr großen und nachhaltigen Glückserlebnissen.

* * *

In vielen Vorschlägen und Empfehlungen werden uns Lebensweisen dargestellt, die angeblich glücklich machen. Sich ständig gut zu fühlen und nur Glückserlebnisse zu haben, ist extrem unwahrscheinlich. Viele unserer Glückserlebnisse fallen uns vielmehr zufällig zu. Ein Glücksgefühl auf Dauer zu erleben ist die Ausnahme von der Regel. Deswegen stellen sich bei vielen Menschen mit übertriebenen Erwartungshaltungen Enttäuschungen ein. Wir müssen im Leben häufig mit Gegensätzen zurechtkommen. Kein Mensch hat ausschließlich nur Erfolg, wir alle kennen auch Ärger und Schmerz.

Wir streben Glück, Liebe und Gelassenheit an. Wir können diesen Zustand aber nie ständig verwirklichen. Vielmehr erleben wir häufiger punktuelles Glück, das aus scheinbar unwichtigen Situationen resultiert. Aber auch die negativen Aspekte des Lebens müssen wir akzeptieren, denn der Anspruch, sich ständig gut zu fühlen, ist schlichtweg nicht erfüllbar. Dabei ist das Aufspüren eines Sinns in unserem Leben häufig ungleich viel wichtiger als das (ersehnte) permanente Glück.

Wir streben immer wieder nach Selbstoptimierung, was unserer Zufriedenheit nicht selten abträglich ist. Soviel ist klar: Ideale lassen sich in dieser Welt wahrscheinlich nicht erreichen und wir sind immer wieder mit Gegebenheiten, die unseren Selbstwert aufbauen oder abbauen, konfrontiert, das ist einfach unsere Realität. Dennoch sollte uns dies niemals daran hindern, Erlebnisse und Situationen, die unserem Wohlgefühl zuträglich sind, bewusst und aktiv aufzuspüren und sich ihnen mit allen Sinnen auszusetzen. Und daneben müssen wir eben akzeptieren, dass unser Leben ein Mix aus gelungenen und weniger gelungenen Momenten ist. Insofern ist die Suche nach dem richtigen Lebenssinn wahrscheinlich wichtiger als das Erreichen eines permanenten Glückszustands. Es gibt den schönen Satz: „Wenn der Intellektuelle nicht unter der Welt litte, wäre er kein Intellektueller." Nur wenn wir vieles durchschauen, die positiven, aber auch die negativen Aspekte des Lebens, lernen wir die Realität wirklich kennen. Beide Seiten gehören unabdingbar zu unserem Sein.

Für manche Menschen ist Glück nicht das Wichtigste im Leben. Sie suchen vielmehr einen Sinn, streben eine Erkenntnis an, die das Leben reicher macht. Die Suche nach dem Glück hat aber den Menschen schon immer angetrieben. Bereits in der Philosophie der Antike haben Platon und Epikur wichtige Dinge dazu gesagt.

* * *

Glücksgefühle gehen immer einher mit Endorphinausschüttungen des Körpers, sie werden sozusagen tatsächlich körperlich für uns wahrnehmbar. Die Forschung ist dahingehend uneins, wodurch Glücksgefühle letztendlich ausgelöst werden. Sind sie genetisch ableitbar, sind sie von unseren eigenen Erwartungshaltungen determiniert, sind unsere Lebensumstände und der Zufall ausschlaggebend?

Glück und Unglück stehen in einem häufig sehr engen Korrelationsverhältnis. Die Intensität der Empfindungen kann auf der negativen Seite der Unzufriedenheitserfahrung ebenso stark erlebt werden wie auf der positiven Seite die Euphorie. Verlangen wir unserem Gehirn aber erst einmal viel ab, wird es automatisch auch mehr leisten und mehr Möglichkeiten entfalten – exakt wie beim körperlichen Muskeltraining. Hier ist ein Hebel zur Gegensteuerung, man muss ihn nur sehr bewusst bedienen, um sich nicht von den wahren Bedürfnissen durch äußere Einflüsse und Informationsflüsse ablenken zu lassen.

Wir alle verfügen über positive und negative Erlebnisse. Zufriedener werden wir in den meisten Fällen dann, wenn wir uns verstärkt auf Personen mit positiven Erfahrungen konzentrieren. Auch das unablässige Streben nach mehr kann das Glücksgefühl beeinträchtigen. Bei einem fortwährenden Hochschrauben der eigenen Erwartungen – an sich selbst und an andere – sind Unzufriedenheit und ein Gefühl des Unglücklichseins bereits vorprogrammiert.

Gute freundschaftliche, partnerschaftliche und familiäre Beziehungen sind für das Glücksempfinden zudem ganz entscheidend. Es kommt nicht von ungefähr, dass wir uns sogar schon bei schönem Wetter zufriedener und glücklicher fühlen. Zum Glück gehören aber auch ein interessantes Leben, eine dosierte Risikobereitschaft und eine starke Neugier und Akzeptanz. Das Bild des Aufbruchs kann in uns neue Chancen wecken oder intensivieren. Immer bewegen wir uns auf unserem Lebensweg zwischen Sicherheit und Gefahr. Es gilt, einen Mittelweg zu finden, der unser Leben interessant und abwechslungsreich macht. Mit jeder Weiterentwicklung und Vorwärtsbewegung durchleben wir neue Erfahrungen. Und nur wenn wir eine optimistische Grundeinstellung haben, trauen wir uns auf neues Terrain hinaus und können neue Erfahrung machen.

Gerade die Mobilität hat im Laufe der Menschheitsgeschichte zur Erweiterung unserer Möglichkeiten geführt. Der permanente Aufbruch in eine bessere Welt hat viele Menschen motiviert, Neues zu erreichen. Joseph Schumpeter hat mit seinem Begriff von der schöpferischen Zerstörung die Grundlage für Innovation erkannt: eine permanente Unruhe und damit verbunden die Eröffnung ständig neuer Chancen. Glück und Weiterentwicklung stehen manchmal in einem Kontrast zueinander, der zugunsten der Weiterentwicklung entschieden wird.

Fest steht auf jeden Fall, dass glückliche Menschen nicht nur gesünder sind, sondern auch länger leben. Es lohnt sich also, zumindest die unterschiedlichen Ansätze des Glücksstrebens zu durchdenken, um dann für sich zu entscheiden, was sich davon in unserem Leben umsetzen lässt.

Ambitionierte Zielsetzungen sind reizvoll, sofern sie realistischerweise auch erreichbar sind. Übertriebener Ehrgeiz hingegen ist nicht zielführend, er ist einem inneren Gleichgewicht eher abträglich. Das etappenweise Anstreben und Erreichen von Zielen hat sich bewährt, da sich daraus zugleich neue Motivationen ergeben für weitere Zielsetzungen.

Ein Leben voller vielfältiger Erlebnisse und die Mannigfaltigkeit angestrebter Ziele führen häufig zu einem zufriedeneren Leben führen. Denn immer, wenn wir uns in eine neue Situation begeben, erfahren wir uns selbst neu. Daraus schöpfen wir Befriedigungsmöglichkeiten. Auch in der Beschäftigung mit Ideen, die uns positiv stimmen, innerlich befriedigen und entspannen, werden wir gute Voraussetzungen schaffen, um daraus neue, befriedigende Situationen zu erfahren und zu erkennen.

Die Selbstakzeptanz und positive Beziehungsverhältnisse spielen für unser Glück immer wieder eine zentrale Rolle. Generell lässt sich sagen, dass alle solche Aktivitäten zur Glückssteigerung beitragen, die uns entsprechen und mit unseren inneren Überzeugungen übereinstimmen. Passivität hingegen behindert uns in unserer Entfaltung und bei der Entdeckung neuer Möglichkeiten. So gehen aktive Menschen zwar Risiken ein, unter anderem auch das Risiko, Misserfolge zu erleiden. Aber sie haben zugleich die Möglichkeit, neue Dimensionen zu erkennen, neue Reaktionen zu erfahren und ihre eigenen Ressourcen besser auszuleben. Aktivität ist also eines der wirksamsten Mittel, um schlechten Stimmungen aus dem Weg zu gehen und die eigenen Möglichkeiten zu erkennen und auszuleben. Belegt haben dies übrigens Ergebnisse der Gehirnforschung, die gezeigt haben, dass durch Bewegung und Aktivität das Gehirn stimuliert wird. Wir werden damit wacher, aufmerksamer und offen für neue Erkenntnisse und Erfahrungen.

Die Intensivierung von Mut und Willenskraft verleiht uns nicht selten größere soziale Kompetenzen. Damit einher geht zugleich die Entfaltung einer ausgeprägten Kreativität. Vor dem Hintergrund einer positiven Beziehung können Ressourcen eben bestmöglich entfaltet werden, wobei eine Vielzahl von Entspannungsverfahren dabei unterstützend wirken, um uns in einen positiven psychischen Zustand zu versetzen. Gerade in einer beschleunigten Lebensumwelt sind Rückzugsmöglichkeiten von besonderer Bedeutung. Auf diese Weise kommen wir dann wieder in Kontakt mit unseren wirklichen Bedürfnissen und können uns von den Anstrengungen einer Überstimulierung erholen.

* * *

Im Laufe der Menschheitsgeschichte hat sich unsere Umwelt ständig beschleunigt. Inzwischen haben wir Zugriff auf alle möglichen Informationen – und das zu jeder Zeit und an jedem Ort. Dies führt nicht selten zu einer Überstimulierung, da wir vor lauter Möglichkeiten nicht mehr die Dinge im Blick haben, die uns guttun und die wirklich wichtig für uns sind.

Mit positiven Vorstellungsbildern können wir selbst Einfluss auf uns ausüben. Die bildhafte Vorstellung bietet bereits wichtige Möglichkeiten, um uns selbst in eine positive Stimmung zu versetzen. Und wenn wir uns

Situationen bildhaft ausmalen, wächst zugleich die Wahrscheinlichkeit, solche Situation tatsächlich auch herbeizuführen. Die Beschäftigung mit positiven Dingen beeinflusst uns eben unweigerlich positiv.

Kritiker dieser Einstellung wenden immer wieder ein, dass wir dabei auf einer oberflächlichen Ebene bleiben. Allerdings lässt sich seelische Tiefe durchaus auch kraft positiver Einstellungen erreichen und eröffnet uns überdies Möglichkeiten, zu einer tieferen Erkenntnis zu gelangen. Optimismus und Hoffnung lassen sich sehr wohl bewusst stimulieren. Kommen Aktivitäten hinzu, eröffnen wir uns neue Möglichkeiten und erhöhen zudem die Chancen, bisher ungekannte Sichtweisen einzunehmen. Das größte Hindernis dabei ist die Angst vor Misserfolg und vor Verletzung. Doch bei Abwägung aller Aspekte werden wir meistens zu der Erkenntnis gelangen, dass es sich lohnt, dosierte Risiken einzugehen, um sich auf diese Weise neue Möglichkeiten zu eröffnen. Allerdings sind nicht nur die geistigen Aktivitäten von Bedeutung, sondern auch das konkrete Handeln, da die Reflexion nur *einen* Aspekt von Aktivität verkörpert.

Viele Wege führen nicht nur sprichwörtlich nach Rom, sondern auch zum Glück, da Glück immer subjektive Aspekte beinhaltet. Wir können es nur erreichen, wenn wir uns nicht zu stark von Ideologien abhängig machen oder zu sehr von Theorien des Guten und Schönen beeinflussen lassen. Das Bewusstseins- und Aktivitätsspektrum von glücklichen Menschen wird immer durch neue Perspektiven erweitert, insofern ist Aktivität ist eine der wichtigsten Voraussetzungen, um Chancen positiver Gefühle und des Glücks zu erlangen.

Nicht wenige Menschen beeinträchtigen ihr eigenes Glück, indem sie sich zu sehr mit anderen vergleichen, denn es wird immer Menschen geben, zu denen wir im Vergleich schlechter abschneiden. Selbstverständlich gibt es auch immer den umgekehrten Fall, wenn wir uns mit anderen messen. Das Übel besteht aber vor allem beim Vergleichen darin, dass darunter die Kommunikation leidet. Denn ob wir wollen oder nicht, unbewusst geben wir anderen Menschen häufig zu verstehen, dass wir uns ihnen überlegen fühlen. Damit aber werten wir andere unnötigerweise ab und durchschauen zu wenig den unerfreulichen Vergleich als das, was er ist: nämlich ein Hindernis für gelungene Kommunikation. Auch die eigene Zufriedenheit leidet erheblich, wenn wir uns mit den „falschen" Menschen vergleichen, also mit denen, denen wir nicht „ebenbürtig" sind.

Ist es nun aber möglich, Vergleiche mit anderen ganz fortzulassen? Durchaus! Man muss nur erst einmal den negativen Mechanismus des Vergleichens durchschauen, dann ist es ein Leichtes, sich darüber hinwegsetzen und das Sich-Messen zu lassen. Die Erkenntnis der negativen Auswirkungen von überflüssigen und unnötigen Vergleichen führt uns dazu, dass wir Vergleiche relativieren bzw. ganz bleiben lassen. Die Maßstäbe für das eigene Leben können (und sollten) wir unabhängig von anderen Menschen entwickeln, wobei freilich nicht auf die Einschätzung der anderen verzichtet werden sollte.

Auch die eigenen Ziele gilt es immer wieder zu hinterfragen. Flexibilität unterstützt uns dabei, Situationen neu, anders zu bewerten und entsprechend auch neue Maßstäbe zu entwickeln. Selbst aus einer Niederlage lassen sich wichtige Erkenntnisse beziehen.

* * *

Das angestrebte Glück wird manchmal gering geschätzt. Das Glück des Einzelnen und der Fortschritt der Menschheit verlaufen verschiedenen philosophischen Auffassungen zufolge nicht parallel, deswegen auch wird das Glück als Lebensziel immer wieder infrage gestellt. Zudem werden häufig Glück und Freiheit als Gegensätze einander gegenübergestellt. Ein Mehr an Freiheit führt nicht zwangsläufig zu einem Mehr an Glück.

Glück wird zuweilen fälschlicherweise zu eng mit der Bedürfnisbefriedigung verknüpft. Auch Selbsterhaltung und Selbstbestimmung werden als wichtige Säulen des Glücks angesehen, dabei sind Bedürfnisbefriedigung und Selbsterhaltung eigentlich vom Glück entkoppelt zu betrachten. Denn es kann und darf nicht sein – so sagen es uns nicht wenige Philosophen –, dass das Glücksstreben den Menschen vom wirklichen Leben ablenkt. Unter wirklichem Leben wird dabei vor allem ein Erkenntnisgewinn verstanden.

Einen ganz hohen Stellenwert für die Zufriedenheit nimmt die Arbeitssituation ein. Insofern ist auch davon auszugehen, dass die Unzufriedenheit in den sich selbst als weniger glücklich einstufenden Ländern in großem Maße auf die Arbeitslosigkeit zurückzuführen ist. Ein weiterer Faktor für eine eher geringere Zufriedenheit ist die Zunahme von

Ungleichheiten innerhalb der Gesellschaft, also das soziale Gefälle bzw. die soziale Schere. Sobald sich hingegen der Eindruck einstellt, den anderen Mitgliedern der Gesellschaft gehe es ähnlich oder auch nicht sonderlich gut, wird die eigene schlechte Lage als nicht ganz so negativ bewertet.

* * *

Wichtig auf jeden Fall ist die Herstellung einer ausgeglichenen Balance zwischen innerer Ordnung und kreativer Unordnung. Es darf nie nur eine Fixierung auf das Berechenbare geben, bei jedem Geschäftsabschluss sind immer Emotionen mit im Spiel. Deshalb ist auch unabdingbar, die Möglichkeit des Scheiterns stets mit einzubeziehen. Es gilt, der eigenen Individualität Rechnung zu tragen und zu lernen, subjektive Wahrheit(en) zu erkennen und anzuerkennen sowie sich Freiräume für Ideen zu schaffen. Wichtig, prägend, weiterführend sind Momente im Leben, in denen wir etwas Neues „gewagt haben oder in denen wir die Kontrolle verloren haben – um dann die Welt mit neuen, anderen Augen zu sehen" (Marcel Proust).

Nach etwa sechs Monaten tritt bei jeder neuen Arbeit wie bei allen Aktivitäten eine gewisse Routine ein. Deshalb ist es wichtig, ständig bereit zu sein, etwas Neues auszuprobieren und an die eigenen Grenzen zu gehen. Es ist interessant und eröffnet neue Horizonte, die gewohnten Bahnen zu verlassen und sich auch einmal außerhalb der Komfortzone zu begeben. Deswegen sollten wir häufig neue Dinge zum ersten Mal machen, denn die Intuition darf nicht durch Algorithmen ersetzt werden. Zwar können Daten uns Antworten auf die richtigen Fragen anbieten, aber neue Fragen können nur wir selbst uns stellen.

Vor allem sollten wir uns den Glauben an eine veränderbare Welt und an Visionen bewahren. Oberstes Gebot ist, andere Meinungen zuzulassen, auch solche, die das eigene Weltbild infrage stellen. Denn wir bewegen uns in einem extrem volatilen Umfeld, wirtschaftlich wie in persönlichen Interaktionen. Dabei beschleunigt die Digitalisierung diese Entwicklung außerordentlich, ermöglicht permanente Veränderung.

Auch im beruflichen Umfeld müssen Mitarbeiter unbedingt außerhalb vorgegebener und festgefahrener Strukturen denken. Es gibt ständigen und unvorhersehbaren Wandel in einer hypervernetzten Welt. Innovation bringt nur hervor, wer immer und immer wieder Gewohntes infrage stellt und vorgespurte Bahnen verlässt. Überraschungen, Unberechenbarkeiten und Zweifel sind Eckpfeiler von Entwicklungen. Wer nur den Wunsch im Blick hat, Erfolg zu haben, kann sich davon derart in Anspruch nehmen lassen, dass andere wichtige Ziele dabei auf der Strecke bleiben. Auch der ständige Kampf um Zeit und Ressourcen verhindert nicht selten wesentliche Erkenntnisse.

* * *

Zum Abschluss dieses Kapitels noch einige Anmerkungen zu den Glücks-Kritikern, deren Zahl gar nicht so unbeträchtlich ist. Denn die Fokussierung auf das Thema Glück wird nur allzu gern und oft bemängelt. Der Aufstieg der Glücksforschung und der positiven Psychologie wird nicht selten aus einem skeptischen Blickwinkel heraus betrachtet. Daraus ergibt sich aber sehr rasch eine einseitige Sicht, die die vorteilhaften Aspekte der Glücksforschung schlichtweg ignoriert.

Die Suche nach dem privaten Glück wird einerseits negativ infrage gestellt, ohne dabei jedoch positive Alternativen zu entwickeln. Es wird bezweifelt, dass sich ein motiviertes, positives Selbstbild auch positiv beeinflussend auswirkt. Die günstigen und begünstigenden Seiten der positiven Psychologie bleiben unbeachtet, vielmehr wird unterstellt, dass nur Leid zum Fortschritt beitragen könne. Dabei wird die Macht der Negativität als dominierend angesehen, die Macht des Positiven hingegen unterschätzt. Scheinbar – so zumindest die häufig formulierte These – gibt es sozialen Wandel immer nur dann, wenn negative Gefühle überwiegen.

Bereits Aristoteles ist allerdings davon ausgegangen, dass die Bedeutung der Mitte und das richtige Maß entscheidend für eine positive Entwicklung sind. Zu jeder positiven Entwicklung aber gehört unabdingbar immer auch ein positives Bild von der Zukunft, die aus einer negativen Sicht heraus nicht vorstellbar ist.

Literatur

Zitierte Literatur

Aristoteles. 2019. *Philosophische Schriften in sechs Bänden*, Hrsg. v. Günter Bien, Wolfgang Detel, Claus Corcilius, Hermann Bonitz und Eugen Rolfes. Hamburg: Felix Meiner.

Buchheim, Thomas, et al., Hrsg. 2003. *Kann man heute noch etwas anfangen mit Aristoteles?* Hamburg: Felix Meiner.

Epikur. 1988. *Philosophie der Freude. Eine Auswahl aus seinen Schriften.* Übers., erläutert und eingeleitet v. Paul M. Laskowsky. Frankfurt a. M.: Insel.

Epikur. 2005. *Wege zum Glück.* Hrsg. u. übers. von Rainer Nickel. Düsseldorf/Zürich: de Gruyter.

Proust, Marcel. 2016. *Briefe 1879–1922.* Hrsg. v. Jürgen Ritte, übers. v. Jürgen Ritte, Achim Risser und Bernd Schwibs. Berlin: Suhrkamp.

Schumpeter, Joseph. 1993. *Kapitalismus, Sozialismus und Demokratie*, 8., unver. Aufl. Stuttgart: UTB.

11

Zusammenfassung und Aussicht

Glück lässt sich von sehr vielen Seiten betrachten.

Es gibt verschiedene Strategien zur Steigerung des Glücks und der persönlichen Lebenszufriedenheit.

Positives Denken ist ein wichtiger Weg, um die eigenen Chancen zu erhöhen und die Lebensqualität zu steigern.

Viele Philosophen haben sich mit dem Thema Glück beschäftigt und sehr hilfreiche Wege beschrieben.

Im digitalen Zeitalter verändert sich unsere Lebensweise auf immer schnellere Art.

Ein Bezug zu philosophischen Gedanken wird dabei immer wichtiger.

Gleichzeitig helfen uns praktische Sichtweisen auf eine positive Lebensführung, um unsere Lebenszufriedenheit zu erhöhen.

Aktivität und Entspannung, neue Sichtweisen und bewährte Erfahrungen können wir optimal miteinander verbinden.

Glück und Optimismus hängen eng miteinander zusammen. Gerade das Paradoxe am Glück führt uns zu neuen Wegen der positiven Lebensführung.

Das digitale Zeitalter eröffnet uns viele neue Möglichkeiten in Richtung Erweiterung neuer Lebensräume.

Ein Bezug zu unserem Glücksempfinden kann hierzu die richtige Möglichkeit sein, um konstruktive Aspekte in den Vordergrund zu stellen.

Zitate und Aphorismen

Glück: Es sind die Begegnungen mit Menschen, die das Leben lebenswert machen. (Guy de Maupassant)

Das Glück gehört denen, die sich selbst genügen. (Aristoteles)

Wer ständig glücklich sein möchte, muss sich oft verändern. (Konfuzius)

Niemand ist weiter von der Wahrheit entfernt als derjenige, der alle Antworten weiß. (Konfuzius)

Warum in die Ferne schweifen, sieh, das Gute liegt so nah. (Goethe)

Wenn wir da sind, ist der Tod nicht da, aber wenn der Tod da ist, sind wir nicht mehr. (Epikur)

Das Leben hat a priori keinen Sinn, es liegt bei Ihnen, ihm einen Sinn zu verleihen. (Jean Paul Sartre)

Die eigenen Fehler erkennt man am besten mit den Augen anderer. (Konfuzius)

Die Dinge sind nicht so, wie sie sind, sondern wie wir sie wahrnehmen. (Epiktet)

Das Glück im Leben hängt von den guten Gedanken ab, die man hat. (Marc Aurel)

Wenn ich diese Menschen weiter hasse, dann bleibe ich im Gefängnis. (Nelson Mandela bei seiner Gefängnisentlassung)

An Ärger festzuhalten ist wie ein glühendes Stück Kohle festzuhalten, um es nach jemand zu werfen. Der Einzige, der sich dabei verbrennt, bist du selbst. (Buddha)

Der Mensch hat drei Wege, klug zu handeln. Erstens durch Nachdenken: Das ist der edelste. Zweitens durch Nachahmen: Das ist der leichteste. Drittens durch Erfahrung: Das ist der bitterste. (Konfuzius)

Glück besteht in der Kunst, sich nicht zu ärgern, dass der Rosenstrauch Dornen trägt, sondern sich zu freuen, dass der Dornenstrauch Rosen trägt. (Arabisches Sprichwort)

Wer ist glücklich? Wer gesunden Leibes, vom Schicksal begünstigt und mit trefflicher Seelenbildung ausgerüstet ist. (Thales von Milet)

Wenn jemand die höchste Stufe eines schmeichelhaften Glücks erreicht hat, ist er einem gefährlichen Abgrund am nächsten. (Prudhomme)

Der ist der glücklichste Mensch, der das Ende seines Lebens mit dem Anfang in Verbindung setzen kann. (Goethe)

Um Glück zu erreichen, muss der Mensch seine eigene Seele zähmen und beherrschen. (Solomon ibn Gabirol)

Der Weg zum Glück besteht darin, sich um nichts zu sorgen, was sich unserem Einfluss entzieht. (Epiktet)

Man will nicht nur glücklich sein, sondern glücklicher als die anderen. Und das ist deshalb so schwer, weil wir die anderen für glücklicher halten, als sie sind. (Montesquieu)

Der ist beglückt, der sein darf, was er ist. (Friedrich von Hagedorn)

Wenn man glücklich ist, sollte man nicht noch glücklicher sein wollen. (Theodor Fontane)

GPSR Compliance

The European Union's (EU) General Product Safety Regulation (GPSR) is a set of rules that requires consumer products to be safe and our obligations to ensure this.

If you have any concerns about our products, you can contact us on

ProductSafety@springernature.com

In case Publisher is established outside the EU, the EU authorized representative is:

Springer Nature Customer Service Center GmbH
Europaplatz 3
69115 Heidelberg, Germany

www.ingramcontent.com/pod-product-compliance
Lightning Source LLC
LaVergne TN
LVHW020347260326
834688LV00045B/1577